教育部首批新文科研究与改革实践项目"新文科背景下复合型外语创新人才培养探索与实践"
(2021110067)
湖南省"十四五"时期社科重大学术和文化研究专项"提升新时代国际传播能力研究"
(22EDA01)

大学的文化

蒋洪新　著

外语教学与研究出版社
北京

图书在版编目 (CIP) 数据

大学的文化 / 蒋洪新著. —— 北京：外语教学与研究出版社，2024.5
ISBN 978-7-5213-5240-5

Ⅰ. ①大… Ⅱ. ①蒋… Ⅲ. ①高等学校－校园文化－建设－湖南－文集 Ⅳ. ①G647-53

中国国家版本馆 CIP 数据核字 (2024) 第 095014 号

大学的文化
DAXUE DE WENHUA

出 版 人	王　芳
责任编辑	李婉婧
责任校对	孔乃卓
装帧设计	黄　浩
出版发行	外语教学与研究出版社
社　　址	北京市西三环北路 19 号（100089）
网　　址	https://www.fltrp.com
印　　刷	北京盛通印刷股份有限公司
开　　本	889×1194　1/32
印　　张	8
字　　数	177 千字
版　　次	2024 年 5 月第 1 版
印　　次	2024 年 5 月第 1 次印刷
书　　号	ISBN 978-7-5213-5240-5
定　　价	69.90 元

如有图书采购需求，图书内容或印刷装订等问题，侵权、盗版书籍等线索，请拨打以下电话或关注官方服务号：
客服电话：400 898 7008
官方服务号：微信搜索并关注公众号"外研社官方服务号"
外研社购书网址：https://fltrp.tmall.com

物料号：352400001

记载人类文明
沟通世界文化
www.fltrp.com

此书纪念我的父亲蒋大林先生,他将一生奉献给山区的教育事业。

蒋洪新

1964年11月生,湖南永州人,文学博士,教授,博士生导师,欧洲科学院院士。现任湖南师范大学党委书记。

题 记

我和我的母校,
有着山盟海誓的情怀。
我在此度过了我的青年、中年和老年,
奉献了我的汗水、智慧和眼泪。

序一

我与洪新教授相识较晚，相交颇深。2013年，我们同时当选为中国学位与研究生教育学会第五届理事会理事，彼时我任北京大学副校长，洪新教授任湖南师范大学副校长，我们交流的机会尚不多。很巧的是，2015年，我们同期到中央党校学习培训，那时我任南方科技大学校长，洪新教授任湖南师范大学校长，我们从"会友"变成了"同窗"，后来他专程带领湖南师大的管理团队来南科大交流访问。我们虽然研究领域不同，却有着共同的经历、兴趣和理想，随着交流越多，友谊也越深了。2017年，我拜读了洪新教授的《大学的意义》一书，领略到"一位好的大学校长是理想与行动兼备的人，必然将大学的理念付诸实践"。我钦佩洪新教授对高等教育发展规律的洞见和对湖南师大倾注的深厚情感，以及致力于把大学办出特色、办成一流的务实作风和创新精神，为我主导推动南科大的改革带来了很大的启示和信心。所以当洪新教授寄来《大学的文化》书稿，并嘱我作序时，我欣然接受了。

我一直认为，面向社会需求进行有组织的科研是新型大学的核心特征，因此，办好一所大学最重要的是因地制宜。我在担任南科大校长时说，南科大植入的是创新、多元、开放的深圳基因，因此要围绕"国际标准、前沿学科、创新创业"来打造南科大的特色。如今我希望宁波东方理工大学既要创新研究，也要把研究转化为技术和产品，与宁波的社会需求相结合。在读过洪新教授这本《大学的文化》一书后，我意识到，办好一所大学不仅要因地制宜，还应循道而治。这个道既是道理，也是道统，即大学的文化、传统和精神方面的因素。作为一种价值观，大学文化不仅是学术教育的传承，也是实施全人教育不可或缺的人文环境。大学文化总是在"春风化雨""日用而不知"中对大学的人才培养、科学研究、社会服务和国际交流起到重要的引导和塑造作用。

《大学的文化》是洪新教授主政湖南师大10年实践的探索总结，字字句句饱含深情，记述了他率领他的团队改革创新的举措及其成果。我认为，该书给读者的深刻启示至少有如下三点：

第一，大学的文化建设要为创新人才培养服务。一流大学的底蕴在于人才的培养上。大学培养各行各业的领军人才要对社会有真正的影响力，不仅是五年、十年之后，更是百年之后的影响力。洪新教授有着深厚的人文情怀，特别注重大学文化的育人功能。他在全球范围延揽世界顶级的教授，大力实行书院制、导师制，健全完善院长圆桌会议、校长学生助理和大学理事会、师生开放交流时间制度等，让教授和学生有更多的时间在一起交流创造，倡导并推动"以学生为中心""大学为学生"的教育理念在湖南师大全面贯彻落实，丰富了"仁爱精勤"的校训精神，不仅承接了岳麓书院的人文传统，也彰显了学校独特的文化魅力。我看到两个数据，该校推动学校被软科世界大学学术排名（ARWU）评价为近年来国内发展进步最快大学之一;在《中国科学报》发布的"基于院士成长数据的一流本科教育排行榜"中,梳理了新中国成立以来1065位院士的本科院校数据,湖南师大居全国师范类高校第一,这是很了不起的。

第二,构建"近者悦、远者来"的人才引育文化。湖南师大的创校校长廖世承先生说:"一个学校最后的成功,就靠着教师。"洪新教授则提出,要坚持教授就是大学的理念。大学有了一流的学者,就有了一流的学术、一流的学科、一流的学风,才能培养出一流的学生。湖南师大地处长沙,与北京、深圳和宁波相比,区位优势并不明显,经费投入也相对不足,湖南师大优秀教师人才数据却能逆势高涨。洪新和湖南师大坚持将人才资源作为第一资源,将人才战略作为第一战略,一方面通过实施"世承人才计划",激励、稳定现有人才,让有潜质的人才成长起来;另一方面,以全球视野和战略眼光,大力实行"潇湘学者计划",面向海内外引进一批活跃在国际学术前沿的一流科学家、学科领军人物和创新团队、拔尖青年优秀人才,做到"不为所有但求所用",不管是外部引进的人才还是内部培育的教师,都能以公平的方式进行同等对待,让老师的心里没有委屈之情,让真正的人才坚定留下来的信心,从而产生对学校深深的感情。这或许正是湖南师大"栽下梧桐树,引得凤凰来"的根本原因。

第三,大学必须倡导鼓励自由和创新的文化。费孝通先生说:"文化自觉指生活在一定文化历史圈子的人对其文化有自知之明,并对其发展历程和未来有充分的认识。换言之，是文化的自我觉醒，自我反省，自我创建。"文化自觉，是大学对于人类文化尽一份责任的前提。当前研究型大学面临的主要治理任务是加大知识创新的力度和速度，需要充分发挥学术生产者的主观能动性，特别是青年学者群体的创新精神和创新能力。洪新教授和湖南师大所进行的一系列改革，切实减少对青年学者不必要的量化评价，营造静水深流的学术环境，发展成熟的学术共同体，这对于一所大学来讲是弥足珍贵的。而且，他们也不断强化与国家重大战略和地方经济社会发展的结合，不仅关注建设大团队、大平台、大实验室，做大项目，更鼓励年轻学者进行学科前沿探索和基础研究创新，使探索真理、勇攀高峰成为了广大师生的普遍价值认同。

透过《大学的文化》一书，我们看到，作为一名大学的领导者，洪新教授既有战略家的洞察力，也有实干家的魄力，最重要的是他善于真正地解决问题。我们乐见，他和他的团队带领湖南师大迈上一个崭新高度，使其有机会成为一所扎根湖湘大地、教师教育特色鲜明的世界一流大学。

是为序。

中国科学院院士、宁波东方理工大学校长
陈十一
2024年2月20日

序二

大学对于我来讲，意义非同一般：我从求学到从教，从教书育人到科研创新，40多年来，大学几乎占据了我的全部生命，也成了我最熟悉、最温暖的家。

湖南师范大学是湖南省属高校的排头兵。一直以来我持续关注着师大，与师大很多学科有合作与交流。在历届党委班子的领导下，湖南师大积淀了优良的办学传统、深厚的学术底蕴和鲜明的办学特色。2023年12月，组织安排我担任湖南师范大学校长，有幸与蒋洪新书记搭班子。虽然仅过去3个月时间，但我却能真切感受到师大旺盛的生命力和强劲的创造力，深深地感受到洪新书记是一位学识渊博的大学者、情怀高远的教育家。当他把沉甸甸、散发着油墨香的《大学的文化》书稿交付我，并邀我作序，能第一时间学习和感悟他的办学治校之道，以更快更深了解师大的传统和文化，我特别感动，也十分荣幸！

《大学的文化》分四章，共30余篇文章，是蒋洪新书记办学治校的实践探索与理论升华，凝集着他关于大学的哲学思考和教育情怀，书写了他团结引领师大人干事创业的艰辛与精彩，也看到了师大人对学校、对老师、对学生、对社会、对国家、对全人类的拳拳之心。出于这份深情，他将其恪守的办学之道根植在他的人生理想与办学实践之中，致力于构建和丰富属于师大人的心灵世界。通读之后，我更加觉得自己肩上的责任之重，只有理解了师大的文化与精神，才能更好传承这份"仁爱精勤"的气质与品格。

我们要把立德树人作为育人文化的根本。习近平总书记指出："育人的根本在于立德。"这是以习近平同志为核心的党中央继承、丰富和发展党的教育方针的集中体现，是推进我国教育现代化的行动指南。《大学的文化》多次强调，师范大学肩负"教教人之人，育育才之才"的特殊使命，要坚定社会主义办学方向，落实立德树人根本任务，着力构建协同一致、合力育人的"大思政"工作格局，为中国式现代化建设培养高素质复合人才。

我们要把现代治理作为组织文化的灵魂。将中央、省委各项决策部署落到实处，必须加快推进学校治理体系和治理能力现代化。《大学的文化》着力谈到了现代大学的治理，提出高校管理者必须严格以社会主义政治家和教育家的标准要求，把党的领导和党的建设贯穿于办学治校全过程，完善以大学章程为统领的现代大学制度体系，用学术共同体的思维，充分发挥院长、教授、学生和校友的主体作用，团结一切可以团结的力量，共同建设大学家园。

我们要把坚守初心作为精神文化的本色。中国式现代化呼唤高质量师范教育体系。《大学的文化》回顾了湖南师范大学诞生的历史和传统，厘清了师范性和综合性的关系，论述了乡村振兴与教师教育的内在必然。面对新期盼、新责任、新要求，师范大学必须保持战略定力和道路自信，聚焦国家"新时代基础教育强师计划"，把握教育部"师范教育协同提质计划"的机遇,以更加主动的作为,切实肩负起为党和国家培养更多更好未来卓越教师的使命。

我们要把追求卓越作为环境文化的主调。《大学的文化》以合作、开放、进取来诠释师大必须走好高质量发展道路。实现高质量的发展,要笃定推进人才强校战略,毫不动摇地把人才建设作为办学治校的"关键一招"抓实抓牢,全力锻造一流师资队伍。要创新人才培养模式,坚持以学生为中心,以培养卓越领导者和拔尖创新人才为目标,持续深化人才培养模式改革,不断构建高质量教育体系。要坚持需求导向,心怀"国之大者",聚焦"三高四新"美好蓝图、建设全球研发中心城市等重大战略需求,充分释放学校人才、科研等要素活力,构建高效、协同、开放的创新体系,以培养更多优秀人才、产出更多科研成果来彰显价值和担当。

文化是滋养心灵、凝聚共识的精神纽带。《大学的文化》一书深刻诠释着湖南师大人厚重的家国情怀和宽广的国际视野,秉承千年学府"传道而济斯民"的教育理念。作为师大人,我们要大力弘扬教育家精神,传承发扬湖湘文化实事求是、知行合一、敢为人先的精神特质,盛学兴校,奋发作为,全面推进"双一流"大学建设。我们相信,湖南师范大学的明天一定会更加美好!

中国工程院院士,湖南师范大学校长
刘仲华
2024年2月20日

前　言

明清之际思想家王船山云:"学校者,国之教也,士之所步趋而进退也。"大学是国之重镇,培养人才的摇篮,社会发展进步的风向标。八十多年前我校的开创者廖世承先生为国立师范学院撰写的校歌写道:"国师,国师,文化的先进,国民的导师。"天地玄黄,宇宙洪荒。人世沧桑,大道恒一。《礼记·大学》有曰:"大学之道,在明明德,在亲民,在止于至善。"坚守大学之道,其要义在于立德树人,追求至善。就此而言,中西大学历经千年,跨越时空,大道皆然。

办好一所大学固然有许多因素,但其核心要素在于建立奋发向上的大学文化。笔者这里所说的大学文化并不是抽象的概念,它是大学在长期办学实践中所形成的独特文化形态,涵盖精神文化、组织文化、育人文化与环境文化。由此观之,以文化统领大学,方得上乘。

在这喧哗热闹的时代,大学似乎有些迷失,教师匆匆忙于项目,学生急迫应付考试。早在一个世纪前,美国人文主义者白璧德(Irving Babbitt)抨击美国的大学像发动机一样整日为功利奔波繁忙,"无数设备的投入,和诸多研究工作的匆忙开展,很可能导致我们逃避与忽视真正的劳动,即思想的劳动"。我们的生活节奏太快,快到了没有时间思考的地步。大学的管理者更是繁忙无比,应付各种各样的社会乱象、各式各样的检查评估,忘记了大学最重要的使命乃是教书育人。大学所面临的挑战与机遇需要我们思考反省。巴菲特(Warren E.Buffett)告诫他的儿女说:"我取得今天的成绩,很大程度上是因为我勤于思考。"面对百年未有之大变局,大学更需要沉思,"密涅瓦的猫头鹰在黄昏起飞",我们的大学在新时代需要一场实实在在的深刻反思与自我革命,更要践行"博学之,审问之,慎思之,明辨之,笃行之"。

我期待的大学既要跟上时代的步伐,满足国家的战略需求,但同时要把大学办得有诗情画意,将宏观开阔的视野与深耕细作的管理完美结合。老子曾说:"天下难事,必作于易;天下大事,必作于细。"这本小册子记录了我与我的同事十年辛勤耕耘的点点滴滴。我们今天的努力是为了成就更加美好的明天。

目 录

一、大学的精神文化 　　1
　　1. 一所大学的诞生 　　2
　　2. 大学文化的精神标识 　　11
　　3. 哲学对大学的重要性 　　15

二、大学的组织文化 　　19
　　1. 社会主义大学治理的根本 　　20
　　2. 全球选聘院长 　　27
　　3. 院长圆桌会议的意义 　　32
　　4. 校长学生助理的价值 　　35
　　5. 教代会的生命力 　　38
　　6. 校友的力量 　　43

三、大学的育人文化 　　49
　　1. 好的教师就是一所大学 　　50
　　2. 大学为学生 　　52
　　3. 师范大学与综合大学的关系 　　56
　　4. 学科的交叉融合 　　63
　　5. 智能时代与大学变革 　　74
　　6. 何以加速科技创新成果转化？ 　　80
　　7. 书院与大学 　　96
　　8. 大学的实践教育 　　99
　　9. 大学图书馆的意义 　　104
　　10. 经典阅读 　　120

11. 国师的毕业论文　　　　　**135**
12. 大学与体育　　　　　　　**139**
13. 美育与立德树人　　　　　**145**
14. 乡村振兴与教育　　　　　**153**
15. 大学的仪式感　　　　　　**159**

四、大学的环境文化　　　　　　**167**
1. 大学与校园环境文化　　　　**168**
2. 抗战文化园的修缮建设　　　**173**
3. 大学博物馆的魅力　　　　　**177**
4. 大学食堂的价值　　　　　　**182**
5. 大学与企业的合作　　　　　**184**
6. 大学的开放　　　　　　　　**189**
7. 进取的大学风范　　　　　　**222**

参考书目　　　　　　　　　　　**226**
后　记　　　　　　　　　　　　**231**

一、大学的精神文化

知名学者陈平原先生在《大学何为》一书中提出:"大学以精神为最上。有精神,则自成气象,自有人才。"大学精神是大学文化的核心和灵魂。它在长期的办学历史中,通过持续的文化和历史积淀,形成了一种独特的精神状态和共同的价值理念,是大学的文化标志和精神象征。一所大学的精神文化,是大学人在历史长河中的孜孜追求与不懈创造,构成了大学人独特的精神图景;凝聚着大学共同体中教职工的共同理想、思想观念和意识形态,也包括大学的办学传统、治理哲学,全体师生员工的敬业精神、人文情怀和价值理想,以及广大校友的务实进取、社会贡献和精神面貌。同时,大学精神不是抽象的,而是非常具体的,集中体现为一所大学的丰富史料、人物故事、校训校风和形象标识系统。大学的形象标识系统,能很好地将办学宗旨、校训精神和文化内涵传达给公众。它不仅是大学的无形资产和品牌,也代表着大学的文化品位和精神特质。

1. 一所大学的诞生

1938年的秋天，时值民族存亡之际，日本侵略者在占领区带来的奴化教育让中国教育界人士强烈感到，必须加强师范教育，用更广泛的国民教育、更强的师资来唤醒民众。此前，国立的高等师范均已并入综合大学，为此，国民政府教育部决定重办独立师范。留美归来的著名教育家、心理学家廖世承等怀抱教育救国的理想，奉命于湖南安化蓝田创办国立师范学院。

位于湘中的蓝田，距省会长沙西南约四百里，原属安化，现在涟源市内。这座古镇四面群峰耸拥，山环水绕，两条小河在此相汇，流向湘江，不但风景绮丽，令人神往，而且地形险要，易守难攻。这里锑矿相当闻名，当时湘黔铁路通过此地，水陆交通皆称便利。日军攻占武汉之后，长沙全城疏散，长沙的学府如长郡、周南女中等相继迁来，人口剧增，商业兴旺。在离镇约两里有一座葱绿的光明山，廖世承寻得辛亥革命先驱李燮和的故

左图
廖世承先生

居——李园，园内有房屋200间，长廊逶迤，环境幽静，正是安心办学的好所在。

据当时陪廖院长前往蓝田选址的梁世德先生回忆："基于六十年前，笔者甫从中大毕业，欣获廖院长意外之知遇，乃乐于随行赶回蓝田，首先确定光明山李园为院址，继而分向邻近村庄田地、丘陵、山坡主人，进行租赁、买借，就原有建构、整修装隔，辟成课室、礼堂、操场、办公处所，一应俱全，续即鸠工庀材，兴建师生宿舍、实验室、图书馆，不数月而可如期招生开课者，颇得地方人士之明智开朗，民风淳厚而具前瞻，大小事宜商洽必成，抑亦聊尽人缘、地缘之运作，而显见事功也。"[1]廖院长向当时的国民政府教育部呈文如下：

呈教育部函（摘录）　　廖世承
呈报师范学院拟设安化县属蓝田仰祈核示案奉
　　　　师筹第二号，二十七年九月二十一日

世承又向安化县属蓝田地方尚有巨屋可租，因亲往视察，与该地人士接洽，奔走两日看屋数处，非太狭小即太陈旧，均不能用。最后介绍李园房屋一栋，李园距镇市一里余，四周乔木蔚然，楼房四行分列，前后左右房屋有走廊连成一气，大小计达百间，前有草坪后土山，右有小园余地，房屋够用而又完整，修理省费。因与园主李卓然几经磋商，成立契约，遂即遄返长沙，另筹院务进行事项。敬将院址拟设安化

[1] 梁世德：《国师今昔琐谈》，见《国立师范学院创校六十周年纪念集》，1998年12月1日

蓝田情由，具文呈请钧部迅予核示，一面由世承先行规划修建，以免缓不济急，除另附草图暨说明外，俟后将预定校舍摄影再行呈请监察。

国立师范学院筹备主任廖[1]

这里的光明山在"老国师"人心中可谓"山不在高，有仙则灵"。

国立师院之成立开师范学院独立办学之先河而载入史册。湖南现代高等师范教育的星星之火在此点燃。从彼时起，激扬的校歌响彻光明山，无数名家大师云集执教。李剑农、马宗霍、孟宪承、皮名举等一批大师勤耕于斯，钱基博、钱锺书父子同校执教，分任国文系和英文系主任。据不完全统计，从1938年至1949年，曾在国师任教的学者名流达到170余位。

左图
国立师范学院开学日合影
（二排左十为廖世承，二排左九为钱基博）

[1] 湖南省档案馆藏：《国立师范学院档案》20-33，第20-35页。

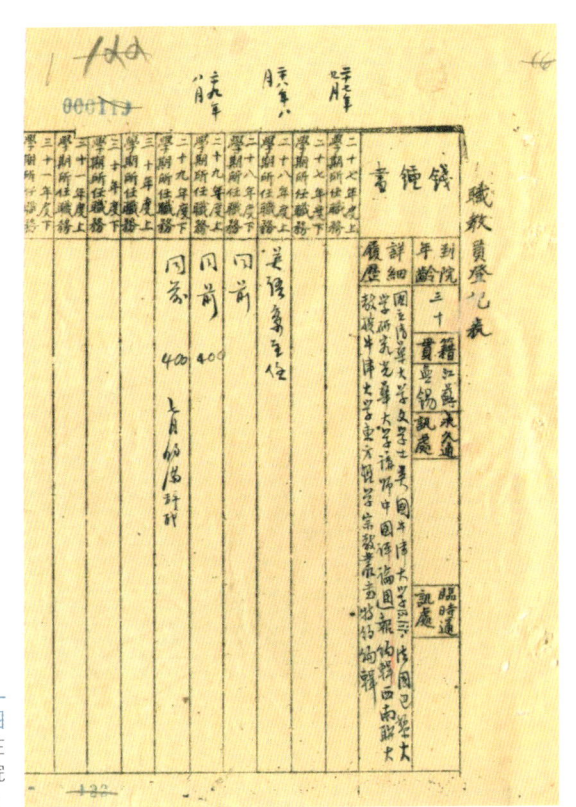

右图
钱锺书先生在国立师范学院的任教登记表

钱锺书先生在国师任教到1941年,之后回上海,1944年春他开始写《围城》。《围城》里的三闾大学,就是以国立师范学院为原型创作的。在《围城》中,他曾这样描写"三闾大学"所处的环境:"这乡镇绝非战略上的必争之地,日本人唯一豪爽不吝啬的东西——炸弹——也不会浪费在这地方。所以离学校不到半里的镇上,一天繁荣似一天,照相铺、饭店、浴室、地方戏院、警察局、中小学校一应俱全。"小说还说"三闾大学"是一座"摇篮",这"摇篮也挑选得很好,在平成县乡下一个本地财主的花园里,面溪背山"。这里的"平成",是"平安成化"

之意的缩语，暗指安化县；"花园"与"李园"有关，"溪"与流经蓝田的李园附近的升平河相关，"山"无疑指现在涟源一中校园里和市政府所在的光明山。李园主人李卓然先生早年留日，追随孙中山先生革命，曾任光复军北伐总司令部中将参谋长。当国师筹委会向他表示，拟以李园为院址时，他欣然答允无偿使用并要家人子弟迁出。钱基博先生有感于此写道："……唯将军敬教劝学，让宅以居，世之所谓李园者也……空室而徙，羁旅如归，而后学院得以缔造……乡风慕义，多士景从，以宏国家之作育，而成抗战之远模。"[1]

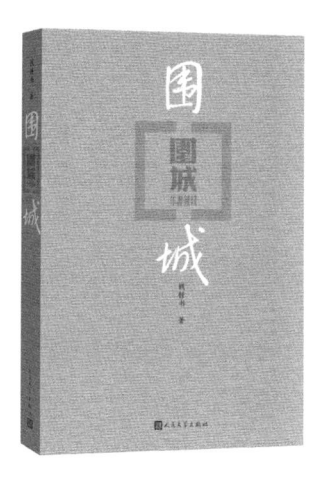

左图
小说《围城》封面

此后，随着战火纷飞，国立师范学院辗转怀化溆浦、衡阳南岳等地，直至1949年8月长沙和平解放，迁至岳麓山下。新中国成立后，在全国高等学校院系调整中，以国

[1] 李忠熙：《归来重拾李园梦——记湖南蓝田、国师李园》，见《湖南师范大学校友》2003年下期，湖南师范大学校友总会编。

立师范学院部分系科为基础,合并湖南大学、南昌大学和河南平原师范学院部分系科,成立湖南师范学院,院址设在千年学府——岳麓书院。之后,学校迁往二里半办学,又合并原湖南体育学院、湖南艺术学院、长沙师范专科学校、湖南图书情报学校,并在岳阳、娄底、零陵、常德等地设立分院,聚秀成林,花开满园。

改革开放以来,学校聚精会神搞建设,一心一意谋发展,以诚待人,唯才是举,形成了"筑巢引得凤凰来"之盛况。1984年,学校正式更名为湖南师范大学。1996年,学校跻身首批国家"211工程"重点建设大学行列,驶入了发展的快车道。2000年以来,学校顺应学科向综合、交叉发展的趋势,与原湖南教育学院、湖南政法干部管理学院、湖南医学高等专科学校合并,组建成新的湖南师范大学,成为学科门类比较齐全、教师教育特色鲜明的全国百强大学之一。2017年9月,学校再次迎来了新的历史跨越,迈入国家"双一流"大学建设行列;2018年9月,成为教育部、湖南省重点共建的"双一流"建设高校;2022年,入选国家第二轮"双一流"建设高校。

蓝田创业,岳麓薪传。学校创立之初,就确立了"仁爱精勤"的校训,此后无论学校的名称、校园如何变化,师道初心从未改变。回顾八十多年的办学历史,我校始终秉持"仁爱精勤"的校训精神,与国家同呼吸、与民族共命运,勤勉办学、创新发展,几经周折,几多坎坷,演绎了多少传奇故事,收获了多少成功喜悦,个中艰辛难以备述。

左图

2013年，学校在湖南省涟源一中挂牌成立附属蓝田中学，并建起"国立师范学院旧址"纪念碑。纪念碑由湖南师范大学原党委书记张国骥教授题字。

湖南师范大学原党委副书记蒋冀骋教授撰写《国立师范学院旧址碑记》（全文附后）。

国立师范学院旧址碑记

蒋冀骋

维公元一九三八年，搀枪肆虐，神州蒙殃。既淫掳于东北，又掠夺于沪杭。南京屠杀，中原板荡。惊睡龙以噩梦，启中枢以思量。一水之邻，何乃张狂！泱泱大国，何以不强？为力之不济？为智之不张？力弱由民智未启，智短因庠序欠旺。兴教育以新民，励志气而激扬。遂乃创独立之国师，昭有众以皇皇。蓝田林密，溆浦水长；衡岳路幽，岳麓枫香。国师四迁，愈迁愈强。颠沛流离，苦难辉煌。延名师以教习，揽英彦而育养。承屈贾之精神，行朱张之理想。"语史地训"培品格，"数理化英"启智商。仁爱精勤，校训斯扬。仁以道显，爱为情扬，精以功称，勤使力彰。树坚强信念，砺人格高尚，习实用知能，冶才艺精良。诸生业毕，奉献上苍。做经师人师，为专家栋梁。扬湖湘之文脉，振中华以康庄。

爰及新世，学术其昌。湖南师大，再创辉煌。招博士硕士，日就月将；擅文史哲理，诸生景仰。文以化人，道为德纲。以创造为鹄的，承自由之主张。国内一流，世界影响。饮水思源，蓝田发祥。勒石记之，万代荣光。

湖南师范大学
二〇一二年九月六日

2018年，适逢湖南师范大学建校80周年，笔者撰写《湖南师范大学八十华诞赋》一文，以志庆贺。

湖南师范大学八十华诞赋

人生八十，谓之高寿，颐年之喜，欢庆一堂。生固有定，而时之无涯，耄耋古稀，有如夕阳西下，稻熟飘香，生命礼赞之契合天道乎哉！然学府之屹立八十载者，则犹人之年少，日之初升，喷薄东来，厚积薄发。

时维戊寅，救亡奋起，烽火狼烟，遍燃华夏。吾校前身国立师范学院乃肇造蓝田，生而为国计也。天降大任，诏我民众；天其永命于兹役，杀敌致果，明耻教战。惟师有学，诞启民瞑！惟师克强，用式四方！首任校长廖公世承有云：抗战胜利，乃教育之胜利。国师，国师，文化先进，国民导师。国文系主任钱基博亦云：独念我不自亡，谁则亡我！人不自强，何能强国！念兹在兹，风行草偃，爱国爱民，仁爱精勤。

是气也，吾校善养，并一以贯之，镌入骨髓，血脉相生，塞乎天地之间，包藏宇宙之内，巍巍乎成就浩然之气也。吾校创于蓝田，西迁溆浦，重建南岳，合分岳麓。八十冬夏，筚路蓝缕，栉风沐雨，历遍迁徙、重组、合并、易名。扩容并构，聚合提升，越合越强，愈挫愈刚。地方与国家同心扶植，师范与综合比翼齐飞。学科门类，体大思精，锦绣前程，不可限量；文史哲，音体美，医工商教，数理化生，同类院校，实难相媲。师生团结，弦歌不断，入二一一，进"双一流"，为国之重点，省之榜首。可谓湖湘学脉，在此弘扬。

所谓大学者，非谓有大楼之谓也，有大师之谓也。世承校长有言：学校之成功，乃教师之成功。建校伊始，多方延聘，海内泰斗，名师鸿儒，汇集一校，盛极一时。张楚廷校长有云：才从才来，师大出大师。筑巢引凤，求贤若渴，故昂首迈入国重点。而今风云变幻，气象日移，大千世界有纷争，共同体中藏利害，大学竞争日炽，人才抢夺更猛，挑战之中，人才为至宝也。吾校勇立潮头，引培并举，海纳百川，天下英才，奔涌而至，惟楚有材，于斯为盛！

八十载流变，大学之道恒一。吾校所重者，学生也；吾校可骄傲者，校友也。古云"中兴将相，什九湖湘"，今言"湖湘翘楚，七八师大"。八十岁往，樟林茁壮，大江南北，五湖四海，四十万学子，德艺双馨，反哺天下；学政商体，人才辈出，灿若星河，风华绝代。张国骥教授曾云：言中国不可不说湖南，言湖南不可不说师大，无师大则无湖南之今日。其言善哉！

所谓名校之郡，莫不揽天赐之胜景，莫不为人文之福地。师大有大美而不言，偎岳麓观青山不老，枕湘水听涛声依旧；山川旖旎，湖光潋滟，红墙碧瓦，钟灵毓秀。承省委高瞻远瞩，大学城于此兴立；蒙市区举力襄助，二里半旧貌新颜。

吾校腾飞，凯歌向前，潇湘大地逐风流，芙蓉国里尽朝晖！壮哉吾校！美哉吾校！伟哉吾校！

2. 大学文化的精神标识

每个大学都有其独特精神，大学的校训、校徽等文化标识、文化形象是大学精神的生动显现，是传播校园文化、涵养学生品质、塑造学校品牌的重要元素，是呈现学校办学理念、精神风貌和文化传统的重要载体。文化影响力越来越成为建设一流大学和一流学科的重要组成部分。

现代意义上的大学肇始于欧洲中世纪大学，被称为欧洲大学之母的巴黎大学建于1150年，而这类早期大学并无明确的校训。之后英国创建的牛津大学（1168）及剑桥大学（1209），直到1573年才分别设计和启用了各自的校标。

作为世界文明根源之一的中国，殷商时代的学宫、汉代洛阳的太学、隋代的国子监等也提出了大学之道和教人"修身齐家治国平天下"的核心理念，但与真正意义上的校训仍有区别。我国大学校训是随着现代大学的出现才逐渐成熟的，如立校最早的北洋大学于1914年确立"实事求是"的校训，是我国已知最早的大学校训。抗日战争时期还催生了一批新的大学校训，如西北联大校训"公诚勤朴"、西南联大校训"刚毅坚卓"。

湖南师范大学的前身，是成立于1938年抗战烽火硝烟中的国立师范学院。1939年1月14日，《国师季刊》创刊号发行，学校确立的由钱基博先生撰写的"仁爱精勤"校训在该校刊上正式发布。

1988年50周年校庆之际，学校在广泛听取意见和建议的基础上，学校校务会议确定把"勤勉严谨、求实创新、献身教育、团结奋进"作为湖南师范大学的校训。"16字校训"是对学校传统和学校精神的升华与提炼，也是师生员工广泛认同的思想行为准则和学校继续发展的重要精神动力。

右图
时任国立师范学院国文系主任钱基博先生撰写的"仁爱精勤"校训

院訓

仁愛
精勤

國師季刊 第一期成立紀念號

教育部陳部長訓示

現代青年應具備的條件
一・自信信道
二・自治治事
三・自養養人
四・自衛衛國

現代青年應特別注意的
一・文史地是復興民族的基礎
二・數理化是建設國家的基礎
三・智仁勇是個人成德的條件
四・信與嚴是完成團體的條件

　　2006年，学校委托我牵头修编校史，重新提出以"仁爱精勤"替代"勤勉严谨、求实创新、献身教育、团结奋进"作为校训。对于更替后的校训，时任校党委书记张国骥教授曾作如下阐释：倡导师范仁道，追求高尚；倡导爱人以德，追求和谐；"倡导研精思覃，追求真理；倡导勤奋踏实，追求卓越。"这是自廖世承、钱基博提出校训后，一代代师大人在长期奋斗中积累形成的一种独特精神气质，成为师大学子共同认同的价值追求。

　　大学校徽是大学外在的视觉形象，更是一所大学的文化象征，能够体现大学的办学宗旨、办学理念和人文精神。通观古今中外之大学，莫不拥有个性鲜明、蕴涵别致的校徽。在世界范围内，不同时期、不同地区的大学校徽呈现出不同的文化内涵和办学底蕴。

左图
不同时期的学校校徽

　　50周年校庆期间,学校确立了湖南师范大学的校徽。校徽的外形是圆形的,构图的上方是毛体的"湖南师范大学",中间是燃烧的蜡烛,底部是一本书。这次确定的校徽沿用至2006年学校新校徽的诞生。

　　2006年,学校新校徽以湖南师范大学的首字母H和N进行创意简化组合,采用白色基底、红色条纹样式呈现,表现学校主体,具有鲜明的湖南地方特色。校徽中有三个元素:一个"人"字,展现了学校以人为本、百年树人的办学理念,展示湖南师范大学的文化底蕴和人文精神;翻开的书本,表现湖南师范大学教书育人、开卷有益的思想,具有鲜明的教育行业特征;竖起大拇指的手,寓意湖南师范大学一流的教学、一流的环境、一流的师资,培养一流的教育人才,成果丰硕,美誉远传,令人赞叹,使人叫好。

　　新时代的湖南师范大学,选择"仁爱精勤"作为校训、设计新的校徽,都是大学文化传承和发展的体现。我们始终认为，"仁爱精勤"校训是大学文化的传承，它承接了岳麓书院的人文精神。这些文化的精神标识体现学校传承湖湘文化、弘扬人文精神、汇聚名师大家、潜心育才治学、艰苦奋斗、自强不息的办学理念，它们以独特的文化魅力和"仁爱精勤"的精神吸引人才、聚集人才、培养人才，业已成为湖湘文化的重要传承地，成为湖南人才培养和人文学术研究的重镇。

高校文化的精神标识有利于展示学校的办学成就，总结学校的办学经验，传承学校的校训精神，创新学校的优良文化。这些标识有利于广大师生和校友了解学校、关心学校、热爱学校，进一步振奋和凝聚广大师生与校友的人心，更有利于提高学校的知名度、美誉度，进一步争取社会各界更多的帮助和支持，进而实现自身的高质量发展。

3. 哲学对大学的重要性

回溯大学的诞生，古希腊的"学园"凭借其在哲学、修辞、几何和法律等方面的教学成就，一直被看作大学最初的源头。其中最为后人称道的柏拉图学园，就在城邦文明的碰撞中诉说着真理的力量。

公元前399年，柏拉图（Plato）在恩师苏格拉底（Socrates）被判死刑后，逃离雅典到梅加腊、西西里岛、南意大利、埃及等地,开始了长达12年的游学生涯,当他再次踏上故土时已到了不惑之年。公元前387年,柏拉图在雅典西北郊外的克菲索河边开办了一座学园。为纪念当地一名叫阿卡德米(Academus)的战斗英雄,他将这座学园命名为阿卡德米学园(Academy),即柏拉图学园。柏拉图学园是欧洲第一所综合性学校,开设课程主要有哲学、政治、法律、算术、几何、天文、音乐等,教学方式主要是师生之间对话与辩论。在学园里,柏拉图与亚里士多德师生之间亲密无间,他们经常在一起散步交谈,和谐相处,追求智慧、真理与美德。

回顾大学诞生的初创期,柏拉图学园对哲学理念和崇高价值的追求,让哲学勾连着大学的知识脐带,孕育着彪炳后世的名士名家。我们不难发现,哲学在大学的诞生与发展中占据着举足轻重的地位。

在西方大学的发展与演进中,无论是初具雏形的博洛尼亚大学,还是雨后春笋般涌现的巴黎大学、牛津大学和剑桥大学,抑或有现代大学诞生标志之称的柏林大学,都以人文精神、独立精神、包容精神和时代精神为标志的哲学理念,决定着大学的价值选择和发展方向,影响和建构着大学的理念、文化、精神与内涵。

在我国,对于哪一所大学才是中国近代第一所大学这个问题,人们长期争论不休,众说纷纭。但从战国时期的"稷下学宫"到汉代的"太学"乃至后来的"国子监"和"书院",都曾是不同时期的高等学府。它们以"传道授业解惑"为宗旨,育人启智、传承文化,也奠定了古代大学的理学之道、哲学精神和价值追求。

大学与哲学相生相伴的历史脉络,厘清了哲学的基础性、先导性和全局性的重要地位,也为大学的发展指引出未来之路。透过历史,我们不难得出如下三个基本观点:

一是大学必须发展好哲学学科。大学的诞生源于文明的兴盛与繁荣,哲学则以思辨赋予了人们认识世界、改造世界的新视角、新方法,助推着文明的繁盛。虽然不同时代有着不同的哲学真理,但最终都映射着一个民族、一个时代的思维能力、精神品格和文明素质,影响着时代的发展。我们办大学必须要重视哲学学科的发展,不断增强民族文化创造力、民族文化凝聚力和中华文明影响力。我校老校长张楚廷教授认为,"哲学决定一个人的生命水平,哲学决定一所大学的办学水平"。早在20世纪90年代初,作为校长的他从北大、人大、武大引进了一批哲学博士,在一所地方师范大学率先办起了哲学本科专业,并建立了哲学系。此举不仅使我校的哲学水平得以大幅度提高,而且以此为支撑,全面提升了大学品位。

二是大学必须培养好哲学素养。习近平总书记指出:"实现中华民族伟大复兴的中国梦,必须不断接受马克思主义哲学智慧的滋养。"当前,世界百年未有之大变局

---

1 习近平:《辩证唯物主义是中国共产党人的世界观和方法论》,《求是》,2019(1):4-8.

与中华民族伟大复兴战略激荡交织,中国正经历着我国历史上最为广泛而深刻的社会变革,也正在进行着人类历史上最为宏大而独特的实践创新。这种前无古人的伟大实践,必将给理论创造、学术繁荣提供强大动力和广阔空间。我们办大学必须培养好人的哲学素养,以宏阔的眼界和广博的知识,立时代之潮头、通古今之变化、发思想之先声,担负起历史赋予的光荣使命。一直以来,学校坚持知识传授、价值塑造与能力提升结合的全面育人理念,引导学生多视角、多方位地感受哲学素养的重要性,培养了一大批哲学理论功底深厚、思辨能力优异、实践能力卓越的复合型人才。

三是大学必须传承好哲学精神。 作为中华优秀传统文化核心的中国哲学精神,是数千年中华民族历史文明的精髓。在我们党内,从毛泽东同志开始,就一直重视和主张把马克思主义哲学作为自己的看家本领。十月革命的一声炮响为中国送来了马克思主义,引发了中华文明的深刻变革,也产生了马克思主义中国化的重大成果。马克思主义始终是引领当代中国建设发展方向的旗帜。我们办大学必须坚定不移以马克思主义为指导,自觉把习近平新时代中国特色社会主义思想转化为清醒的理论自觉、坚定的政治信念、科学的思维方法。长期以来,湖南师范大学立足深厚的湖湘文化底蕴,积极创造浓厚的文化环境和良好的理论氛围,引导学生自觉践行社会主义核心价值观,以深厚的学识和修养赢得尊重,以高尚的人格和魅力引领风气,在为祖国、为人民立德立功立言中成就自我、实现价值。

二、大学的组织文化

　　大学精神不可能自我发展和自我实现,而要依托科学合理、运行有效的组织形式,付诸实践才可能逐步形成。我们把在长期的办学实践过程中形成的,以价值观为核心的行为准则、制度规范和思维方式,统称为大学的组织文化。一流的大学必然有一流的组织文化,如英国的牛津大学、剑桥大学的学院性组织,德国的柏林洪堡大学讲座制、美国哈佛大学的相关利益共治模式等。办中国特色世界一流大学,必须坚持正确办学方向,不断加强和改进党委领导下的校长负责制,以推动实现治理体系和治理能力现代化为突破口,健全完善以大学章程为核心的,包括决策咨询、议事协调、民主监督等在内的现代大学制度体系,正确处理好大学与政府社会的关系、与教师和学生的关系、与院系负责人和学科带头人的关系,从而更广泛有效地激发大学的内生动力和发展活力。只有系统持续地加强制度文化建设,才能逐步实现规章制度与学校长远发展目标之间的深度契合,保证学校发展战略的实施。

1. 社会主义大学治理的根本
——坚持党委领导下的校长负责制

大学是人与社会的文化脐带，提供着丰厚的学识滋养，促进人与社会的发展。大学的创建与发展，又需要人与社会的反哺，需要丰富多元的资源共同支持与推进。正是因为这种丰富的资源、利益与权力交织，使得大学的治理也有着相对复杂的结构体系。纵观世界大学的治理结构，无论如何复杂，也都可以从内部治理结构和外部治理结构进行简要分类。其中内部治理结构是大学内部利益相关者之间各种权力的分配、制约和利益实现的制度规定、体制安排和机制设计，集中体现大学管理的结构、运行及其规制的主要特征和基本要求。外部治理结构则是大学利益牵动者，在外部通过资源运作、规则运行等方式影响大学的发展。

世界各国都从本国的实际情况出发，围绕高校的行政管理、学术管理和人才培养等内容，形成了各自独特的学校管理机制。在美国，校董事会为最高权力机构，决定大政方针、选举校长、处理学校财产、外联等事宜。董事会成员一般以校外人员为主，一般不介入学校内部行政事务；校长为学校行政管理最高负责人；副校长由校长提名，经董事会通过，对校长负责。在英国，校务委员会是形式上的最高权力机构，负责大学的财务、聘任学术人员、任命副校长并批准评议会拟订的文件。但在具体的管理上，主要由校外人士组成的理事会才是实质上的行政权力部门，是最高的管理机构。校长是荣誉性职位，副校长才是大学的首席行政和学术领袖。在法国,学校最高权力机构是由教授、副教授和讲师等的代表组成的大学理事会,负责选举产生校长、副校长以及各级领导人,制定本校的规章,研究学校重大工作事项。由理事会选出的校长负责执行理事会的决议,实施对学校的日常管理。在德国,教授享有充分的自由和特权,通过讲座制来实现自己的权利。校务委员会是最高权力机构,决定学校重大问题,推选校长和副校长,校长须由正教授担任。

我曾在英国伦敦大学、罗伊汉普顿大学担任过交流副校长,也曾在美国加州大学圣迭戈分校、英国威斯敏斯特大学、韩国教员大学等境外知名大学访学或讲学,这些大学的办学理念与治理体系给我留下了深刻印象。外国的高校基本上都成立董事会、理事会或校务委员会,其名称虽异,实质却相近。英美大学往往注重校长行政,德法则突出教授治校,这些制度都在一定程度上成就了大学,也促进了大学的发展。但其中,因为组织的过于分散导致的效率问题,外界力量的过多干预对学校发展的影响,也在一定程度上备受诟病。

在我看来,培养学生成长、成才是大学一切工作的出发点和落脚点,任何时候都是大学的根本任务。推进完善大学治理结构,探索具有中国特色的社会主义大学制度,必须围绕"培养什么人、怎样培养人、为谁培养人"的根本问题展开。扎根中国大地办大学,这个根本问题的解题之道,就在于坚定不移推进党委领导下的校长负责制。这一制度需要理顺党委领导与校长负责的关系,一方面党委领导是核心，既是思想政治上的领导，也是改革发展稳定上的领导，负有对学校发展的战略性、全局性、根本性的问题作出决策的重大职责；另一方面，校长负责是关键，校长是学校法定代表人，学校党委要充分保障校长发挥行政领导作用，使校长独立负责行使行政管理职权。党委书记作为党委"班长"，要正确处理好个人在党委决策过程与校长施政过程中的职权关系。校长既是党委决策的主要参与者，也是决策的具体执行者。

我们学校作为党委领导下的校长负责制的忠实践行者，也是这一制度的受益者。近年来，学校逐步制定和完善了学校章程，健全了议事规则、决策程序和规章制度，让学校治理更科学、更规范、更民主。无论是我担任校长还是党委书记时，与时任李民书记、刘起军校长、刘仲华校长都搭档默契、携手并肩，整个党委班子在沟通中交流思想、情感，营造了民主的、真诚的、宽松的党政工作环境，凝聚了办事创业的向心力，克服了前进中的风险挑战，推动了学校的建设发展。

近年来，学校坚定不移强化党的领导，深入推进现代大学治理体系和治理能力建设，笔者多次受邀在中央党校全国党委书记政治能力提升班、湖南省委读书班等分享学校治理相关经验。本书特收录笔者2022年在湖南省公办高校党委书记、校长暑期研讨班上的发言，如下。

充分完善沟通机制 落实党委领导下的校长负责制
——在湖南省公办高校党委书记、校长暑期研讨班上的发言

各位同仁：

承蒙省委组织部、省教育厅厚爱，给了我一个发言的机会。下面，我就贯彻落实党委领导下的校长负责制中如何开展沟通工作谈几点体会与做法，请同志们批评指正。

一、加强沟通是落实党委领导下的校长负责制的内在要求

马克思在《资本论》中指出："一切规模较大的直接社会劳动或共同劳动，都或多或少地需要指挥，以沟通协调个人的活动。"著名未来学家约翰·奈斯比特（John Naisbitt）说："未来竞争是管理的竞争，竞争的焦点在于每个社会组织内部成员及其外部组织的有效沟通上。"沟通是管理工作的灵魂，是提高工作效率、实现目标愿景的重要手段。

党委领导下的校长负责制是一个系统的领导工作机制，其中，党委领导是指党委发挥总揽全局、协调各方的领导核心作用，实行集体领导与个人分工负责相结合；党委不等于党委书记，书记协调党委领导班子工作，协调党委与校长之间的工作关系，支持校长开展工作；校长负责是指，校长是学校的法定代表人，在党委领导下，校长依法行使各项职权。这一领导工作机制高效运行的关键是党委领导与校长负责之间的有效沟通。具体来说：

第一,沟通是书记校长达成共同理想的桥梁。我国大学的性质决定了理想的大学党委书记和校长应是政治家、教育家,要求两者将社会主义事业作为共同理想,并矢志不渝按这一理想经营大学。具体实践中,书记与校长的沟通至关重要,需要通过观念、情感和工作的沟通,就学校发展根本问题达成共识。

第二,沟通是党委班子科学决策的认识基础。科学决策需要一个有效的沟通过程才能施行。研究表明,管理工作中70%的错误是由于不善于沟通造成的。落实党委领导下的校长负责制,要以有效沟通为基础。只有在最广泛的沟通中获得最准确的有效信息,才可能形成科学决策。

第三,沟通是班子成员增进团结的重要手段。人心齐、泰山移。班子成员共事,认识问题的角度不同、处理事情的方法不同,难免会有工作交叉和观点分歧,如不及时沟通,就可能会造成关系紧张和矛盾。书记校长要率先垂范,营造民主的、真诚的、宽松的沟通文化,寻求最大公约数,画出最大同心圆,汇聚最大向心力。

要做到有效沟通,首先要树立沟通意识。党委书记和校长要模范遵守坚持民主集中制原则,自觉把沟通作为一种政治责任,以广阔的政治胸襟多听取意见、多换位思考、多化解矛盾,切不可各行其是,搞"一言堂",当"一霸手"。其次要掌握沟通技巧。一是向上沟通要主动,积极争取上级领导和部门的支持。二是横向沟通要经常,加强校领导班子之间的日常工作沟通和重大决策的事前沟通。三是向下沟通要多元，深入基层一线与广大师生员工广泛沟通。四是向外沟通要灵活，主动与社会各界友好沟通，以赢得各方支持。

二、我校建立健全沟通机制的几点做法

无论是做校长，还是当书记，我深切感到个人履职得益于组织的信任与栽培、班子的精诚团结和鼎力支持，以及师生员工的信赖与奉献。我感到很幸运，能够先后与李民同志、起军同志搭档，我们之间始终彼此信任，密切沟通，共同推动学校党政沟通机制建设不断走向成熟和完善。

第一，建章立制规范沟通。民主集中制是确保党的路线方针政策得以正确贯彻和有效执行的根本制度和前提保证。在此基础上，我校不断健全完善以大学章程为核心的制度体系，先后出台《湖南师范大学党委领导下的校长负责制实施细则》《关于加强学校领导班子建设的若干补充规定》《校领导班子成员沟通协调制度》，明确"谁分管、谁主动沟通协调""谁牵头、谁负责沟通协调"的原则；健全"三重一大"事项决策咨询制度，完善党委会、校长办公会议事规则，重大事项书记校长先沟通、与班子成员分别沟通、书记碰头会上形成共识，再上党委会研究，汲取集体智慧共同决策。"党委会有关教学、科研、行政管理工作的议题，会前都充分听取校长意见；校长办公会的重要议题，会前都充分听取党委书记意见"，"没有事先沟通的事项不上会，没有达成共识的事项不决策"，坚决防止个人或少数人专断和议而不决、决而不行。

第二,创新机制保障沟通。丰富和完善党委领导下的校长负责制,关键在于内部治理机制创新。一是创新决策咨询机制。我们率先在我省高校成立大学理事会、发展战略咨询委员会,为学校顶层设计、改革发展、交流合作和争取支持等提供决策咨询和献智献策;成立校友理事会、校友企业家联盟以及150多家校友分会,为学校发展注入了强劲动能。二是健全议事协调机制。我们坚持召开党政务虚会、党政联席会、党务工作例会,安排部署学校党建与思想政治教育、意识形态、国家安全、改革发展等重要工作;坚持举行院长圆桌会议,开展教育思想大讨论,共话学校科学发展;健全以学术委员会为核心的学术治理体系,让教授们在学术事务中享有充分的决策权;建立校长学生助理制度,参与学校民主管理与监督。三是完善监督长效机制。在坚持好校院两级教职工代表大会的同时,不断创新党务校务公开,落实校领导接待日制度,搭建教育阳光服务平台;今年还成立党委巡察办公室,对学校部署的重大工作进行巡察督导,不断完善监督长效制度。

第三,增强党性推动沟通。制度的生命力在于执行,而执行制度的关键在人。落实好党委领导下的校长负责制,关键看书记校长是不是团结,看学校领导班子有没有战斗力。只有把政治意识、大局意识的落脚点放在相互信任、沟通和团结上,才能够形成班子合力。这些年来,我们两届党委班子,怀着对党的教育事业的忠诚热爱、对师大改革发展的使命担当,在大事要事难事上共商共议,坦诚相待,相互支持,在彼此尊重、信任和包容中建立了深厚的同志友谊,在推动"五个师大"建设的理想追求中升华了真挚的战友情怀,形成了"日常事务经常沟通,重大决策事先沟通,全局大事深入沟通,紧急事务随时沟通"的默契。

加强沟通只是贯彻落实党委领导下的校长负责制的重要一环。我们在这方面虽然做了一些工作,但与兄弟院校还有一定差距。我们将以这次学习研讨为契机,自觉遵守和执行党委领导下的校长负责制,把握高等教育发展规律,大胆改革实践,认真完成好省委赋予我们的任务与使命,力争早日实现"双一流"大学建设目标。

2. 全球选聘院长

一所一流的大学少不了优秀的领导团队,其中,既要有一流的校长,还要有一流的院长。在大学内部治理结构中,院长处于中间阶级,发挥着承上启下、居中协调的关键作用,是大学的学科建设、人才培养、科学研究,以及各类具体学术活动的实际设计者、一线指挥官和核心推动人。作为大学的管理者,选准、建好一支院长队伍至关重要。这些年,学校对院长的角色定位作了一些系统性思考,并在实践中就如何选聘院长进行了一些富有成效的探索。

院长的角色:不可或缺的居中领导者

何谓院长?院长是大学实行学院制的产物。学院制作为一种大学内部组织管理和运行体制,发端于欧洲中世纪大学。迄今为止,世界上多数国家的大学都实行学院制,通常以学院来划分其学科、结构,而这些学院的负责人就称之为院长。那么,院长的角色主要体现在哪些方面呢?

在西方世界,中世纪大学的院长主要受命于学校以及宗教权威机构,充当学生"替代父母"的角色。之后,随着学院职能改变,院长从"学生的监护人"逐步向"学术管理者""首席执行官"转变,被赋予教育者和管理者双重身份。我国近代大学是在借鉴模仿西方大学基础上创建的。在我国大学中,履行着相当于院长职责的职位最早出现于1903年制定的《奏定大学堂章程》中"分科大学监督"一职。到了1953年全国院系调整,随着我国高等教育规模扩大与高校内部管理体制改革,高校管理结构由"学校-系"两级向"学校-学院-系"三级转变,二级学院成为大学中最重要的实体组织,承担着越来越多的职能,学院院长拥有政治权力、行政权力与学术权力,相应地也扮演着价值领导、行政领导和学术领导等多重角色。主要体现在:

其一,价值领导。所谓价值领导,即以核心价值观去引导、整合和规范组织成员价值观,进而实现组织共同愿景的领导核心。社会主义大学的院长履行价值领导的角色,必须依托党政联席会议等制度设计,团结带领全院师生员工,着力寻求学院改革发展的最大公约数,增进最大共识度,形成最大凝聚力,确保党和国家的教育方针政策落实、学校的统一部署落地。

其二,**行政领导**。在日常行使行政权力过程中,院长的首要职责是领导学院发展,合理调配人、财、物等资源要素,发挥学院教学、科研以及社会服务功能,角色定位为学院领导者、资源调配者、冲突调解者、组织协调者和沟通联络者。

其三,**学术领导**。院长处于大学科层系统和学科系统的交汇处,院长的领导者角色具有行政和学术双重内涵。一个优秀的院长,应该是行政负责人和学术领导者的完美统一体,在行使行政职能的同时,要发挥学科建设权威的作用,要对学院学科发展作出系统规划,明确发展目标和落实建设举措。

院长的选拔:德才兼备方堪重任

数千年来,中国形成了德才兼备、以德为先的培育和选任人才的基本原则,塑造了中国人向往与追求的人生境界。院长的选拔无疑也要遵循这样的规律。但客观地讲,过去在一些大学管理者的惯性思维里,选聘院长存在过分关注个人的学术成就的现象,往往是"学而优则仕",个别高校还把担任院长作为留住人才的手段,甚至是对优秀人才的一种奖励，忽视了从人格与角色之间的匹配度来考量院长候选人。

鉴于院长在大学里的独特角色，选聘院长兹事体大，我的理解，院长选聘尤其需要具有三种意识：

其一，要秉持质量意识。《易经》有言：取法于上，得乎其中；取法其中，得乎其下。选聘院长要坚持一流标准，既要有一流的水平，更要有一流的德行。一流的水平很好评价，但一流的德行则需要"火眼金睛"。国外一些大学为了确保选聘合适院长，会组建专门小组向候选人曾工作过地方的他的上级、同事、朋友等了解情况并综合打分评价。这一做法相对能对候选人的德行有一个很好评估。

其二，要树立世界眼光。选聘院长要有世界一流的眼光，要以更加开放的心态、更加开阔的视野，在世界范围内招揽更好的领头人，不能只是在国内挖来挖去。这一点上，美国大学吸引世界优秀人才的经验值得借鉴，为了选聘到最优秀的院长，他们会在世界各地的知名媒体包括网络、杂志和报纸上公开刊登招聘启事，接收申请人的申请材料。

其三，要坚持程序正义。程序正义是结果正义的基础，只有程序正义了，才能实现结果正义。因此，要选出好院长，选聘结果要有效、有说服力，选聘过程必须公开公正，选聘制度必须公平合理，选聘规则不能藏着掖着。

大学要建立健全院长遴选机制，明确院长职责，细化人选条件，科学规定院长遴选、续聘和解聘等具体的操作办法，以确保选聘到与院长职位要求最匹配的人选。

我们的实践探索

基于以上这些理念，在我校同仁们共同倡导下，湖南师范大学在改革院长选聘机制上的探索从未停止。2017年，学校提出了"院长全球选聘"方案，决定面向全球诚聘5名优秀的知名专家、学者来校担任学院院长。之后，又拿出2个院长岗位公开遴选。

为确保选准人、选好人，学校提出做到"三个注重"、强化"四个考量"和突出"五个考核"。所谓"三个注重"，即注重品德、注重能力、注重担当。所谓"四个考量"，分别是：考量是否有很强的资源整合能力，能够为学院发展集聚优质创新要素；考量是否有丰富的相关工作经历，能够快速打开工作局面；考量是否有过硬的专业背景，能够引领学科专业的学术发展；考量是否有良好的信誉口碑，业绩得到领域内公认，信誉度、知名度较高。所谓"五个考核"，一是考核院长的组织、协调与管理能力，重点看学院治理现代化的进展情况；二是考核院长带领学院高质量发展的能力，重点看任期内学院的综合实力是否持续提升；三是考核院长的人才梯队建设，重点看任期内学院的高层次人才和教师梯队的引培情况；四是考核院长引领学院对接国家战略和服务地方经济社会发展的能力，重点看院长在推动服务经济社会发展的成果；五是考核院长的学术研究能力，重点看院长是否产生具有引领性的学术成果。

通过这些年的实践验证，这些德才兼备的院长不辱使命，以开阔的视野、昂扬的姿态、务实的作风，带领学院攻坚克难、锐意进取，取得了骄人的工作业绩。比如，外国语学院抢抓国家"双一流"建设东风，外语学科再一次入选为世界一流建设学科，并且在第五轮学科评估中实现了重大历史性突破；音乐学院实现了音乐与舞蹈学第五轮学科评估连升两档，实现了跨越式发展；化学化工学院2022年国家自科基金立项实现历史性突破，获批23项，占全校31.14%，等等。

3. 院长圆桌会议的意义

圆桌会议形式来源于英国亚瑟王的传说。5世纪，英国国王亚瑟在与他的骑士们共商国是时，大家围坐在一张圆形的桌子周围，骑士和君主之间不排位次，圆桌会议由此得名。今天，"圆桌会议"已成为平等交流、意见开放的代名词，与会者都以平等的身份参加会议，也能更好体现平等原则和协商精神，因而成为国家之间以及国家内部一种重要的协商和讨论形式。

圆桌会议是一种平等性、民主性、开放性、共享性强的组织形式和工作方式。平等性，即鼓励平等交流，所有人在讨论和决策中都有同等的机会和地位；民主性，即强调民主决策，在这种组织形式中，每个人都可以有发言权和表达意见的机会，而且他们的意见和建议都会被认真听取和考虑；开放性，即倡导开放式沟通，所有人都可以自由地表达自己的想法和看法；共享性，即鼓励共享信息，所有人都可以获取必要的信息来做出更好的决策。

右图
图为湖南师范大学在 2016 年 11 月召开的第二次院长圆桌会议，探讨一流本科人才培养与课程建设。

这些年，我一直在思考，大学为什么要有院长圆桌会议。

一是好的传统做法的一种继承。在我国的大学，院长圆桌会议也有着较悠久的传统与成功的经验。比如说清华大学、西南联合大学等，在新中国成立前就有了院长圆桌会议，在当时的特殊背景下，这些学校的许多重要决策都是在这些会上作出的。傅斯年在主理台湾大学时，甚至将部分学院的院长和学校教务长、图书馆长作为其治理台湾大学的核心智囊团成员。国外大学更加普遍，学院的自治性与自主权相较更大,学院与学校更像是联盟的性质,其院长是校长治校的主要途径与依靠力量,呈现出某种类似内阁制这样的形式。我们倡导的圆桌会议,虽然背景与性质与上述不尽相同,但是目标是一致的,那就是要通过教授治学、民主管理的基本方式,实现大学的理想,推动学校的发展。

二是现代大学制度的一种要求。近些年,我们通过起草、修订《湖南师范大学章程》,积极探索建立开放民主的现代大学制度。其中《章程》第六条提出:学校实行党委领导下的校长负责制,坚持教授治学、民主管理。为落实这一原则,更好地发挥广大师生、校友以及社会人士参与和监督学校治理的作用,我们先后成立了校友理事会、战略咨询委员会,建立了校长学生助理制度、校长有约谈心谈话制度等等。院长圆桌会议就是对这一制度的拓展。从校长与院长的关系看,校长必须团结和依靠院长来推进学校改革发展的大业,在校级层面是校长负责,院级层面是院长负责,院长同时也要对校长负责,校长对学校党委负责。

三是凝聚思想共识的一种形式。与校长办公会、工作布置会(协调会)、例会不同,院长圆桌会议在功能上有自身特点:民主管理的广泛性、决策咨询的科学性和贯彻执行的直接性。我们的院长圆桌会议相较于传统的中西方大学圆桌会议,既有传承,又有创新。我们的会议不一定在校长办公楼开,而是放到学院来开,每次选择一个相对集中的主题,学校的管理团队和各位院长都来到学院一线，达到现场取经、交流研讨、部署工作的作用与效果。

院长圆桌会议不是"坐而论道"，而是重在将理论探讨与实践创新有机结合，打通理论与实践之间的"最后一公里"，促进团队合作、增强创新能力、提高工作效率。这些年的院长圆桌会议，与会人员围绕学科与平台建设、一流本科人才培养与课程建设、校园文化氛围营造等主题进行深入、激烈且民主的讨论，提出了许多好想法、金点子，有效推动了学校"双一流"建设。

4. 校长学生助理的价值

英国教育家约翰·纽曼（John Henry Newman）认为，年轻人具有敏锐、心胸开阔、富有同情心、善于观察等特点，他们相聚在一起，自由地互相融合，会互相取长补短、共同进步。正是在这一过程中，"有许多东西有待他们去综合、去适应、去摒弃，各种内在联系有待他们去确立，各种规章制度有待他们去建立。通过这种过程，整个群体被放在一起塑造，形成统一的气质、统一的性格"。因而，在大学的办学实践中，学校最宝贵的财富和最重要的主体是学生，学生在一所大学中，不是被教授和被管理的对象，而是大学这个共同体的重要组成部分。如何充分尊重学生，在育人过程中引导学生将自身才能运用到大学的建设中来，是大学治理的一个重要问题。

2016年初，湖南师范大学在全国高校中率先聘任了一批"校长学生助理"。这些学生助理既不同于西方大学里具有"助理"性质的勤工助学学生，也不是我们大学里传统意义上的学生干部，它是一份荣誉，更是一份责任。

左图
笔者与学校第二、三届校长学生助理团合影

在第一次与"小助"们的见面会上，我们明确了校长学生助理的"五员"职能——即**学生意见反馈的信息员**，实事求是地反映同学们的关切、利益和主张，让学校知道第一手的学生需求情况、问题与困难、需要学校解决的迫切问题；**学校发展建设的调研员**，坚持问题导向，围绕师生关注的热点问题，形成相关报告或议案，供校长和其他校领导决策参考，为学校工作谋划、部署建言献策；**校园民主管理的监督员**，监督学校政策的制定合不合理、执行走没走样、效果好不好，包括提出批评意见；**校园文化形象的宣传员**，发挥自身的优势和特点，以喜闻乐见的形式宣传学校，彰显积极向上的校园形象；**校园

决策部署的参谋员，从学生视角和利益去客观考量、分析学校管理服务部门的决策。

这些年，热情热心的"小助"们很好地践行了校长学生助理机制的实施初衷，"有困难，找小助"在校园中已深入人心。一方面，他们充分发挥主人翁意识，真正参与到校园管理全过程之中。在长沙地铁4号线建设迁移校园行道树、选修课选课网络堵塞、出国交换学分兑换、辅修专业开设等涉及同学们切身利益的问题上，"小助"们都能够多渠道、多角度地深入师生，听取和反映师生需求，及时向学生传递政府、学校的决策部署和工作要求。同时，他们受邀列席教代会、新学期工作会议以及涉及学生利益议题的学校决策会议，积极督查跟进学生宿舍卫生、教师开放交流时间等实施情况，为师生讲真话、办实事。7年来，共主持和参与解决大大小小的问题近千个，撰写的校园建设发展专项调研报告累计10余万字，组织"校长有约"系列活动近10场，并推动各学院"院长午餐会"等交流活动的开展，主动构建起学校与学生之间通畅的反馈体系。另一方面，"小助"们灵活运用多种宣传渠道，为校园文化建设添砖加瓦，打造独具特色的"文艺小栈"等品牌活动，充分利用学校楼廊空间，展示师大学子文化艺术作品，彰显学科互动、交融的魅力，并在美国驻华大使等来宾来校交流活动中担纲"校园学生代言人"，充分展现出师大学子积极向上的精神风貌。

2022年的校庆日，往届的"校长学生助理"自发拍摄了祝福视频，向母校汇报自己的动向，祝福母校生日快乐。他们中,有的已经在工作岗位上发光发热,有的在国内外知名高校深造读博。从他们真诚的话语中,我看到了当代青年人的蓬勃朝气、敏捷思维、创新意识。我相信这些优点在他们担任"校长学生助理"期间,就已打下了良好的基础。在为学校、为师生付出的过程中,"小助"们对"仁爱精勤"校训的体悟、对民主治校的责任感、对师生的服务意识和伙伴间的合作意识,促使他们形成了纽曼所说的"统一的气质",他们的青春之花绽放得更为绚丽,也成为身为"园丁"的我们最幸福的收获。

5. 教代会的生命力

民主管理是现代大学运行和发展的本质要求,也是衡量学校发展成效的重要标识。纵观世界大学的发展历史,教授治校有着数百年的历史,也为现代大学民主管理提供了有益的借鉴和参考。作为欧洲最古老大学之一的巴黎大学,历来彰显着教授参与大学管理的传统。近代以来,在蔡元培和梅贻琦两位先生的推动下,教授治学的理念也在我国大学的实践与发展中得以施行。蔡元培先生在出任教育总长的当年(1912年)就起草并颁布了《大学令》,其中第4条为教授治校之规定。1917年,蔡元培执掌北大校政,努力践行了教授治校的理念,强调"北大校务,以诸教授为中心""以专门学者为主体"的办学理念,开创中国大学教授治校、民主办学之先河。梅贻琦先生在任清华大学校长期间,提及办学秘诀为"从众",即尊重教授。他主导成立了教授会、评议会和校务会三会组成的行政体系,主动倾听教授的治校意见和建议。

新中国成立后,尊重知识、尊重教师、尊重知识分子的主张影响着大学的办学实践,也让教代会应运而生。教代会在我国最早被提及,是1978年10月教育部颁发的《全国普通高等学校暂行工作条例(试行草案)》中提出"在党委领导下定期举行师生员工代表大会",并提出明确要求。1985年1月28日颁发的《高等学校教职工代表大会暂行条例》对高校教代会的性质、职权、代表、组织制度、工作机构等作了明确规定,标志着教代会制度在高校正式确立。40多年来,教代会制度走过了从试点、普及到健全成熟的过程,对于切实落实《高等教育法》中关于"高等学校应当面向社会,依法自主办学,实行民主管理"的规定,推进高校民主治校的进程,促进高校改革和发展发挥了不可替代的重要作用。

我校推行教代会制度和完善也经历了艰难曲折的过程,因各种原因几经中断。这些年来,学校党委行政高度重视教代会制度建设和落实,学校和二级单位教代会工作规程相继修订完善,制度化、体系化的教代会体制机制逐步健全。在这过程中,我们始终坚持以人为本,将教职工的知情权和参与权作为教代会的生命线,致力于建立一套协调、顺畅、高效而又充满生机的运行机制,营造一种宽松、包容、理解而又充满活力的民主管理氛围。

以人为本是教代会的核心理念。教职工代表大会是代表和组织教职工行使当家作主权利的基本形式，其焦点是真正将广大教职工置于学校管理的主体地位。建设具有中国特色的大学教代会制度，必须最大限度地凸显教职工的"主人翁"地位，这就要求要处理好学校党委、行政与教代会这三者之间的关系。首先，加强党的领导，是推进大学治理体系和治理能力现代化的政治保证，也是推进教代会制度建设的内在需要。教代会作为教职工行使民主权利的基本途径，必须高举中国特色社会主义伟大旗帜，坚定不移跟党走，坚持社会主义办学方向，引领广大教职工用习近平新时代中国特色社会主义思想武装头脑、指导实践，不断增强"扎根中国办大学"的自信与底气。其次，学校行政要为教代会的召开提供人力物力财力等各方支持。教代会是涉及全校各部门、全体教职工的大事盛事，党委书记、校长要把开好教代会列入学校重要议事日程，要协调各方支持教代会顺利召开。这些年，学校每年教代会的主要议程我都逐一把关，提交教代会审议的重要规划、文件都要先经学校党委会、校长办公会认真研究。最后，教代会要向学校党委行政提供决策支持。教代会架起了教职员工与学校党委行政之间沟通的桥梁，旨在促进校园内的民主管理和意见交流。教代会要通过民主化和科学化的程序，让教职员工能够参与决策过程，表达自己的声音，依靠广大教职员工的智慧和力量为学校党委行政献计献策，从而推动学校改革和发展。

凝聚共识是教代会的最大功能。教代会作为由教职工代表组成的一个民主机构,通过大会的讨论、协商和投票等过程,使得教职工能够就学校发展目标、政策制定和问题解决达成一致意见,有助于形成共同的价值观、团队精神和工作方向,从而推动学校的持续发展。近些年,我们把教代会纳入年度工作计划,坚持每年召开一次教代会,教代会代表实施五年一届的换届制度,切实使教代会在制度上得到保证。每年教代会上,校长作上一年度工作报告、分管财务副校长作学校财务工作报告成为雷打不动的议程,学校总体发展规划、一流学科建设、师资队伍建设、职称职务评聘等有关学校改革发展的重大问题、重要文件等还要提交教代会审议。每次教代会都根据代表审议情况写出审议报告,对学校的工作提出意见建议。教代会休会期间,由工会主席作为代表行使教代会职能,学校党委会、校长办公会讨论重大事项、出台重大政策等都请工会领导列席,发挥参与和监督的作用。

解疑纾困是教代会的活力源泉。教代会是听取民意、集中民智的窗口和平台,代表们通过协商讨论,可以解开对学校有关工作、决策的疑惑,可以反映教职员工的呼声。但归根结底,教代会要得到广大教职工的认可,成为有活力、有生命力的制度,必须落地到解决涉及教职工切身利益的具体问题上来。为此,我校不断健全完善教代会提案办理制度,建立了校领导领办机制、重点提案督办反馈机制和优秀提案奖励机制,出台了《湖南师范大学教职工代表大会优秀提案评选办法》,开发了电子提案系统,实现了提案征集、审核、立项、登记、移送、答复、督办等全流程网上管理。以第七届教代会为例,共征集提案419件,其中立案374件,转为建议案45件,均交由学校相关职能部门承办,重点提案纳入学校中心工作。第七届教代会共评选出优秀提案25件,其中优秀重点提案5件,提案回复率100%,满意率和基本满意率达90%以上。从学校章程的制定、职称评审条例的修订,到800余户房产证遗留问题办理、教职工食堂的设立与餐补施行,再到学生心理健康教育的关注、学生实习实训的开展,每个提案都有回音、有落地,既彰显着教代会在学校民主治理中不可替代的作用,更体现了学校党委行政对教职工切身利益的高度重视。

每年教代会也都在改变着教职工的学习和生活。以教职工体检为例,当年该提案在健康中国建设的背景下被提案委员会立案,校医院和工会牵头组织相关部门到省内外高校和知名医院进行学习,对体检项目和标准进行了更加科学的规范和确定,形成可行性方案,提请学校党委会和办公会审定。最终,每年一次的教职工体检得以实施,教职工的获得感和幸福感明显提升。

教代会缘起于教师之于大学角色之重要,形成于高校民主管理的价值认同,发展于中国特色社会主义大学的生动实践。大学愈发展,民主愈发展,教代会的生命力愈鲜活。不断推进教代会制度化、规范化、程序化,充分体现教师意志、保障师生权益,中国特色现代大学制度必将愈发释放其独特魅力。

6. 校友的力量

约翰·纽曼在《大学的理想》一书中提到，大学是一个共同体。在这个共同体中，教师与教师、教师与学生、学生与学生之间是友谊与和谐关系。不仅如此，大学与校友、与政府、与社会一道，构筑起和谐的共同体和永恒的家园，推动大学不断向前发展。在这个共同体当中，校友发挥着一种特殊的作用。一方面，校友与母校有着天然联系，母校留下了校友们追逐梦想的青春记忆，这种妙不可言的情感历久弥坚；另一方面，校友的社会角色，是沟通大学与社会的桥梁。正因为有了校友，大学对社会产生的影响才是持久而广泛的。也正是在这个意义上，校友是大学最为宝贵的财富，是推动母校发展永不枯竭的动力。放眼世界高等教育发展历程，不难发现，任何一所高校的发展，特别是在关键时期和关键事件上，都离不开校友的鼎力支持。要办一所好的大学，使大学的生命之树常青，就要千方百计集结校友和各方面资源力量。

湖南师范大学之所以有着辉煌的历史荣耀和今天的发展成就，就得益于包含校友在内的全体师大人的团结一心、精勤合作和砥砺拼搏。近年来，学校在国内外成立了近140个区域校友会（联络处）、学院校友会和行业校友会，通过组织各类校友活动把校友们聚集起来，在交流与合作之中，让学校与校友的手拉得更紧，心贴的更近。如何充分发挥好校友力量，推动校友与母校双向奔赴，这是学校一直在思考的问题，并已形成共识，付诸行动。

校友是大学基业长青的靓丽名片。美国教育家克拉克·科尔（Clark Kerr）说，一所大学之所以生命长青，是因为它有着一批为之奋斗献身的师资队伍和最为忠诚的客户和品牌，那客户与品牌就是我们的学生，我们的校友。大学对社会的影响力，很大程度上有赖于其所培养的人才对社会的影响力，只有培养出一流的人才，才能成为一流的大学。新中国成立以来，湖南师范大学坚持社会主义办学方向，用坚定的理想信念为党育人、为国育才，培养了一大批教学名师、学术大师、治国之才和兴业之士。广大校友立足岗位、无私奉献，用自己的实际行动诠释着湖南师范大学"仁爱精勤"的精神风范。

校友是大学最能信赖的可靠力量。大学与校友始终是休戚相关的发展共同体。这些年，我校的建设发展，特别是在一些事关全局的大事要事上，都离不开校友的鼎力支持。主要体现在三个方面：一是智力支持。在学校大力推进"双一流"建设过程中，全球校友高度关心、热心支持，各界校友积极为学校贡献智慧、建言献策，很好地发挥了智囊团作用。在校友们的牵线搭桥下，学校从哈佛大学、牛津大学、加州大学、新加坡国立大学、瑞典卡罗林斯卡研究院等国际著名大学和机构引进一大批学术造诣精深的学者加盟。二是财力物力支持。作为一所地处内陆的省属师范院校，相较于部属高校和沿海高校，我校的办学经费十分有限。近年来，得益于校友们的鼎力支持，学校许多长期以来想实施而未实施的项目得以加快实施推进。80周年校庆期间，学校获得各方捐赠累计逾2亿元——历史系1985级校友颜盛繁代表广东好普集团向学校捐赠价值超过1亿元的陶瓷文物用于成立博物馆，法学院1998级校友肖德丽代表长沙江湾科技投资公司为学校建设体育馆捐赠5000万元……广大校友慷慨解囊，极大地缓解了学校办学经费紧张的问题。近期，学校又签订了"湘江教育发展基金"等多个千万级公益项目。三是人力支持。校友对母校智力财力物力的支持可能受到各方面因素的影响，人力支持则是校友对母校最广泛、最基础的支持力量，它存在于每一个母校需要的时刻。他们可能为母校争取资源而奔走，可能为宣传母校而鼓与呼，他们不计较个人得失，默默地为母校付出。校友们的深情厚谊和无私奉献，对于学校改善办学条件、提升办学实力、努力推进"双一流"建设具有重要意义，让学校的发展之路走得更宽阔，走得更远大。

母校永远是校友最温暖的家。相比个人的小家，母校是大家。校友工作是把小家汇入大家、把校友情怀融入母校愿景的一项十分有意义的工作，是一个暖心活、

右图
2018年9月，笔者与广东好普集团董事长、广州好普艺术博物馆馆长、湖南师范大学1985级历史系校友颜盛繁出席捐赠博物馆暨珍贵古陶瓷文物签约仪式。

是一个同心活,更是一个强心活。近年来,我们致力于把学校打造为广大师生和校友共同的家园,通过加强校友总会、教育基金会、校友工作办公室、理事会秘书处等协调合作,紧紧围绕学校发展目标和定位,努力构建全校参与、全员服务的校友工作大格局。重点着眼校友需求,主动加强母校与校友之间的联络,发挥学校智力、信息和人力优势,支持和指导各类校友组织开展校友活动,不断提高学校教育资源、科技资源、人才资源向校友开放和服务的能力,促进校友事业发展。充分发挥学校校友总会、学校地方校友会、学院校友会、学院地方校友会、行业校友会等组织的作用,联络校友感情,讲好校友故事,展示校友风采,增强校友凝聚力,激励校友奋发图强。在广泛的联系、相互的支持、深度的合作中,校友与母校血与肉的联系更加紧密,更加充满生机与活力,共同凝聚起了一股助推学校发展的磅礴力量。

左图
2018年10月,笔者与时任学校党委书记、现任湖南省政协副主席李民教授同长沙江湾科技投资公司总裁、1998级法学院校友肖德丽,美洲投资银行首席经济学家、湖南师大附中校友邹刚博士出席捐赠仪式。江湾集团捐赠5000万元用于学校体育馆改造。

右图
2016年12月，笔者与湖南师范大学外国语学院1985级校友、广州腾龙电子塑料科技有限公司董事长彭学文出席腾龙奖学金捐赠仪式。腾龙集团在湖南师范大学多个学院设立奖学金，并于2018年10月捐赠400万元设"腾龙楼"建设基金，用于外国语学院教学大楼改造。

腾龙楼定名记

《周易》曰："飞龙在天，利见大人。"龙舞九霄，腾飞于天，寓兴旺发达、昌盛祥和之意。自古乾坤大道，万物并生，楼为人之庇所，人为楼之精魂。

右图
湖南师范大学外国语学院所在的二里半校区腾龙楼

湖师外语楼于甲子年始建,偎麓山养钟灵神秀,依江水召紫气东来。外文学院乃依楼而兴,创国家先进,争世界一流,外语楼亦仰学而蜚名;三十五载,人才辈出,问于院落,学在屋宇。承八五级校友彭、刘慷慨,牵念母院,心系后生;化腾龙之雨,促物阜民丰,唤弦歌不绝。曾记否,大楼旧貌展新颜,惊鸿巨变,虽久不废,定名外语楼"腾龙楼"是也。

赞云:学问黉门,敬业乐群,腾达万里,商海扬波竞风流;文化岳麓,仁爱精勤,龙行天下,南国鹏程铸英雄。

三、大学的育人文化

大学的根本任务是立德树人，大学文化的建构归根到底要落脚到人的自由全面发展上来。一方面，大学要注重文化育人。坚持用党的创新理论凝心铸魂，将中华优秀传统文化融入教学育人全过程，引导师生将社会主义核心价值观逐步内化为支配自身言行的文化自觉。另一方面，要涵养育人文化。坚持"教授就是大学"的理念。大学有了一流的学者，就有了一流的学术、一流的学科、一流的学风，才能培养出一流的学生。"一个学校最后的成功，就靠着教师"，教师要"能循循善诱，诲人不倦，如严父，如慈母，如光风霁月，望之俨然，即之也温"。坚持"大学为学生"的理念。大学文化的过程，是全员、全程、全方位以文化人、以文育人的过程，大学的一切文化行为，包括构建大思政格局、发展体育美育心育、开展经典阅读活动、重视仪式庆典的育人功能、推动学科交叉整合和复合型人才培养等，都应指向学生的身心健康、知识增进和人格完善。坚持"学者的使命在于创新"的理念。大学要传授高等知识、研究高深学问、培养高级人才、开发高新科技，离不开学者的矢志创新。学者在育人的同时，应立足经济社会发展、服务国家战略需求，积极引入学术文化、地域文化、企业文化等，使校内外文化资源共同作用于大学文化建设，构建开放、包容、创新的文化融通平台。

1. 好的教师就是一所大学

教师是立教之本、兴教之源,"兴国必先强师"是中国社会的普遍共识。习近平总书记指出,"教师队伍素质直接决定着大学办学能力和水平","教师是教育工作中的中坚力量,没有高水平的师资队伍,就很难培养出高水平的创新人才,也很难产生高水平的创新成果"。[1]教师承担着传播知识、传播思想、传播真理的历史使命,肩负着塑造灵魂、塑造生命、塑造人的时代重任,是教育发展的第一资源,是国家富强、民族振兴、人民幸福的重要基石。

教师队伍的整体水平标志着一所大学的办学水平。哈佛大学第27任校长科南特(James B. Conant)曾言:"大学的荣誉不在于它的校舍和人数,而在于它一代又一代教师的质量,一所学校要站得住,教师一定要出类拔萃。"由此可见教师队伍对学校发展的重要性。不谋而同,马寅初在任北京大学校长时指出,"师资的培养与提高是高等学校建设的基本问题,是人才培养的关键"。清华大学原校长蒋南翔曾言:"清华大学所以能称得上是清华大学,就是因为它有108位知名教授,如果没有了这108位知名教授,那么,清华大学也就称不上清华大学了。"历史的发展告诉我们,科技越发展,教育越发展,教师的重要性就愈加突出。一位科研与教学能力兼备的优秀教师,往往可以带起一个学科、一个学院,带出一批

---

[1] 习近平:在清华大学考察时的讲话,新华社,2021年4月9日。

好学生，成就一所好大学。过去我们不敢想或想不到的事，因为有了一支优秀的教师队伍，就变成了可能。

一流师资队伍是建设一流大学的关键，大学要实现"双一流"建设跨越发展，重点是教师人才队伍的跨越。一流大学的特色各不相同，但有一个共同特点，就是优秀的书记、校长带领一支优秀的教师队伍，一流的师资成就一流的大学。"大先生"是大学精神的缔造者、传承者、实践者，引领大学发展方向。他们以研究学问为毕生事业，以教育学生进步为光荣职责，带动学科专业发展，形成良好的学风，不断培养出博学敦行的学者。他们的人格品行、学术造诣，提升了大学的竞争力和知名度。可以说，"大先生"是一流大学的灵魂，只有高水平的师资队伍，才能培养出高层次的创新人才，产出高质量的创新成果。在建设中国特色世界一流大学和一流学科的背景下，我们必须全面开创高校一流教师队伍建设新局面，为实现国家富强、民族复兴、人民幸福贡献力量。

湖南师范大学有着尊师重才的优良传统。首任校长廖世承说过，"一个学校的最后成功，就靠教师"。20世纪90年代初，我校在全国率先大批引进博士，《光明日报》以《何以引得凤凰来》一文给予高度赞誉。近年来，在全国人才竞争白热化的大背景下，学校按照党中央关于"双一流"建设的战略部署，全面深化综合改革，大力弘扬"广纳群贤、人尽其才"的优良传统，深入实施人才强校战略，着力深化人事人才制度改革，教师队伍建设不断取得新进展，出现了"栽下梧桐树，再引凤凰来"的盛况。

"十三五"以来,学校引进高水平师资600余人。在全国高校人才竞争"白热化"、中西部地区人才普遍流失的大环境下,我校高层次人才队伍规模稳步扩大。近三年,学校人才工作两次被《人民日报》《光明日报》《中国教育报》《湖南日报》和湖南卫视等主流媒体集中报道。

面向新征程,学校将始终牢记"国之大者",从党管人才的政治高度、人才强国的战略高度、立德树人的使命高度,实施高质量的人才强校战略,以更广视野、更大格局、更高标准谋划推动教师队伍建设工作,为推动中国式现代化建设,服务"三高四新"美好蓝图,做出新的更大贡献。

左图
2022年3月21日,笔者与学校聘请的"潇湘学者"特聘教授——中国社会科学院学部委员陈众议,国家级重大人才支持计划入选者彭长辉、Atsuhiro Osuka 三位教授合影。

2. 大学为学生

纵观国内外的大学,"以学生为中心""大学为学生"的办学理念一直是大学的主流价值。清华大学钱颖一教授在《大学的改革》一书中写道:"大学改革的主题是'大学为学生'。"在他看来,"在建设世界一流大学的目标下,在急功近利的大环境中,教师和研究、服务国家和社会更容易获得优先考虑,而学生和育人更容易被忽视"[1],因此有必要强调"大学为学生"的办学理念。

右图
据统计,在 1977 年恢复高考后,在各大学本科教育培养的院士校友人数排行榜中,湖南师范大学以培养 4 名院士位居全国师范院校之首。图为学校 80 周年校庆文艺汇演晚会上,校友王志(左一)介绍培养了龚新高、陈大可、邵明安、覃正笛四位院士的原物理系王发伯教授(右二),及陈大可院士(右一)、龚新高院士(左二)。

在一次学校毕业典礼的讲话中,我分享了对哈佛大学前校长德鲁·福斯特(Catharine Drew Gilpin Faust)说的"大学要对永恒作出承诺"这句话的理解。我认为,"永恒"即为亚里士多德所说的"最高善",它不仅包括外在的善,还包括身体的善和灵魂的善,这些善贯穿人的一生。而一所好的大学应当是一切为了学生,从学生的基本需求与精神追求出发,努力为塑造学生的善提供更多的选择和机会。无独有偶,2021年加州大学伯克利分校出台了《学生事务战略计划2021—2025》(Strategic Plan 2021-2025),将"重新定义学生体验"确立为学生

---

1 钱颖一:《大学的改革》,北京:中信出版社,2016:2.

事务的优先事项（priority），国内的部分大学也在进行改革。

把学生的需要摆在至高的位置，在我校亦有良好传统。早在国师时期，老校长廖世承先生就提出："教的目的，在使学生学。要学生学，必须鼓励学生、引导学生，使学生处于学习的情境之下。"他提出的"仁爱精勤"校训、倡导的"尚学术、崇人本"精神，让尊重学生、重视学生的优良传统，如今依然在湖南师范大学长久延续。

"大学为学生"，要为学生创造良好的学习条件。评判大学环境的好坏，不在于建筑装饰的华丽、园林景观的靓丽，而在于学生是不是处处都可以坐下来学习、处处都能被激励着主动学习。湖南师范大学的琅琅书声，是伴随着清晨的第一缕阳光出现的：桃子湖、书香坪、樟园等处，都可以看到晨读的学生。这些场地树木苍翠，鸟鸣嘤嘤，环境十分清幽，寻一处石凳坐下，便可以悠然沉浸在书的世界里。而到夜晚，教学楼和图书馆皆灯火通明，同学们通过空闲教室查询和图书馆座位预约系统，打开手机就能便捷高效地寻找自习场地。我们还注重发挥榜样的力量，激励同学们对标优秀，努力上进：既有重要荣誉获得者的展板竖立在各学院门口，也有由优秀学生作品组成的展览定期陈设在学校的公共楼宇和宿舍区，真正使学生"处于学习的情景之下"成长。

"大学为学生"，要为学生提供全人英才式的教学方案。课程是大学为学生输送知识最主要的渠道，在全人教育理念不断深化、学科交叉不断发展的当下,学校需要通过灵活的教学方案设置,为学生提供宽广的学术视野、自由的选择空间和全面的通识积淀。我们通过学分制,给学生的自选课提供了足量的空间,并通过校选课和院选课的组合搭配,兼顾了通识习得和专业精研的不同需求。校选课要求文、理、艺、体四大门类各选其一,如同一副拼图,保证了学生通识素养的培育;院选课则是在本专业基础课程上的进一步细分,如同树的分叉,帮助学生最大限度地在专业细分方向上进一步探索。我们还积极探索建设实践课程、线上慕课等,拓展学生的课程展现形式。

"大学为学生",要为学生提供多样的成长路径。大学是连接学生时代与职业生涯的关键节点,对于每一位同学来说,大学的收获与选择都会对今后的人生产生重要的影响,在大学期间让同学们尽可能多地接触不同的成长路径,才能更好地帮助他们确定今后的发展方向。我们设立了合理的专业分流政策,如果立志从事教师教育行业,学生可以在师范班潜心学习和锻炼;如果有志在科研领域进一步探索,也可以通过多次的选拔机会进入到世承书院或其他特色班级。我们鼓励各课题组选用本科生进组学习,让部分学生在学术研究上早一些起步。我们还充分利用好班导师政策和学工系统,引导班导师和辅导员定期与学生深入交流,帮助学生做好学习生活规划,充分满足学生的个性化需求。

"大学为学生",始终是大学一切工作的出发点。我们立足育人的长远目标,不断追求着为学生提供更好的教育,使其成为"有教养的文明人",为国家和民族的发展提供生生不息的力量。

3. 师范大学与综合大学的关系

强国必先强教,强教必先强师。新中国成立后,为满足当时经济社会发展对师范类专门人才的迫切需求,党和国家高度重视师范院校的建设。1952年—1953年,全国高校院系调整中,我国师范教育从综合大学中分离出来,成立了一大批部属、省属的重点师范大学(学院),师范院校从此成为与综合类大学并列的一个单独院校类别。

伴随着全国师范教育的改革进程,湖南师范大学也走上了综合化发展的道路。

早在新中国成立之初,国立师范学院就从南岳衡山迁往长沙岳麓山,并入湖南大学。1953年8月,全国高等学校院系调整,湖南师范学院以原国立师范学院为基础,合并湖南大学、南昌大学、河南平原师范学院部分系科,接纳清华大学、湖南大学、南昌大学、东北师范大学、华南师范学院、河南平原师范学院部分学生组建而成,成为当时全国专业设置较多的师范院校之一。

自独立设置湖南师范学院，到1984年更名为湖南师范大学，再到2000年以来先后合并了湖南教育学院、湖南政法管理干部学院和湖南医学高等专科学校。截至目前，学校已拥有24个学院、92个本科专业，还有幼儿园、小学、中学、附属医院、校办企业等，是一所名副其实的学科门类齐全的综合型师范大学。办学规模用克拉克·科尔所说的多元化巨型大学来形容毫不为过。

客观上，湖南师范大学的综合化发展顺应了我国高等教育改革的时代大潮。主观上，学校也迫切需要通过向综合性大学转型来提升自身的整体实力和办学水平。通过"211工程"重点建设和"双一流"建设，学校综合实力稳步提升，已逐步由传统的师范院校发展成为一所文理科优势突出、艺体医特色鲜明的综合型师范大学，本科和研究生教育覆盖哲学、经济学、法学、教育学、文学、历史学、理学、工学、医学、管理学、艺术学和交叉学科等12大学科门类，学科布局如同一幅美丽的画卷。

在办学实践中，学校充分认识到，师范教育是我们的立身之本和根本特色，综合化发展则让师范教育更有竞争优势。一方面，我们始终坚守"师范"初心，大力弘扬师范特色，借助学科的综合优势，致力于培养德智体美劳全面发展的卓越教师；另一方面，学校坚持"朝综合型运演、朝研究型提升"，通过综合化发展，不断提升学术境界和办学水平。

左图

中国工程院院士、湖南师范大学刘筠教授（上图）长期致力于鱼类及水生经济动物的繁殖生理研究，在"青草鲢鳙"四大家鱼人工繁殖、多倍体鱼（"湘云鲫""湘云鲤"）研究等领域取得了突破性成果。其子刘少军教授（下图）接过接力棒，研制了改良四倍体鲫鲤品系、"湘云鲫2号"等改良三倍体鱼，于2019年当选为中国工程院院士，成为湖南科学家中的第一对"父子双院士"，彰显了湖南师范大学生物学学科的人才培养和科学研究实力。

在高举师范旗帜方面，学校始终明晰师范大学的办学定位，从理念到行动不断强化教师教育的地位和作用。

其一，坚持培养一流师范人才。在向综合型运演的过程中，"创造和训练优良师资、复兴教育"的师道初心，矢志不渝、代代传承，培养了一大批政治家、教育家型优秀教师和校长。据不完全统计，湖南地区50%以上的高中骨干教师和中学校长、70%以上的特级教师都是师大的校友。在推进"双一流"大学建设的过程中，学校不但没有弱化教师教育，而是不断强化其核心地位，目前学校师范类专业比例、在校师范生人数占比均超过45%；2018年以来，每年招收农村公费师范生约700人，并逐年递增，直接为农村中学培养师资；每年师范毕业生约有80%到中西部地区任教，直接服务农村地区基础教育事业发展。

其二，坚持推进教师教育改革。学校遵循教师教育发展基本规律，主动对接社会需求，大力推进教师教育综合改革，努力构建面向德智体美劳全面发展人才培养目标的课程体系和职前职后一体化教师教育体系。特别是，近年来学校以实施"新师范"战略为突破口，以师范类专业认证为着力点，深化教师教育学科建设，全面提升师范类专业办学水平，教育学、心理学等17个师范专业入选国家一流专业，英语、音乐学、地理科学等13个专业通过二级师范类专业认证，英语专业成为全国首个通过第三级认证的英语专业、也是湖南省首个通过第三级认证的师范专业，学校教师教育在湖南乃至全国师范教育领头雁的地位和作用进一步彰显，成为国家教师教育创新实验区。

其三，坚持主动承担社会责任。重点依托教育科学学院、教师教育学院、基础教育发展中心等师范教育教研机构，在开展国际联合培养学科师资、服务高考改革等方面开展了诸多积极有益的探索。积极投身乡村振兴，全力开展教育扶贫，联合校友发起筹募"枫叶乡村教育振兴基金"并面向全国设立"优秀乡村教师奖"，先后在贫困地区和基础教育薄弱地区建有附属中小学校30多所，承担的"国培""省培"项目常年位居湖南高校首位，对口帮扶的绥宁县插柳村成为全国闻名的乡村旅游扶贫重点村、文化艺术新农村，为促进基础教育公平发展和整体质量提升做出了应有贡献。我们组织专家瞄准教育领域的实际问题，在一流大学和一流学科评价指标、新高考改革、人文通识教育、乡村教育振兴、职业教育和继续教育等方面为国家和湖南的教育决策提供意见咨询，推出了一系列有意义有影响的智库成果，肩负起新时代语境下应有的使命和担当。

在推进综合化发展方面，我们注重从以下三条路径拓宽办好师范教育与建设高水平综合型大学的融合之路。

其一，凝聚共同语言。芝加哥大学原校长赫钦斯（Robert Maynard Hutchins）强调，大学之道在于所有不同科系不同专业之间必须具有共同的精神文化基础，这就要求所有人在大学里应该接受一种共同教育。扎根中国大地办大学，从宏观上讲，就是要坚持社会主义办学方向，坚持党对教育事业的领导，落实立德树人根本任务和落实意识形态工作责任制等，坚持走中国特色世界一流大学建设之路，培养德智体美劳全面发展的社会主义建设者和接班人。为此，我们着力打破学科专业壁垒，促进不同学科专业之间互相借力、取长补短，不仅让师范专业吸收其他非师范专业的成果，也让其他专业得到师范专业的反哺。

右图
湖南师范大学医学院所在的咸嘉湖校区综合教学大楼于2019年开工，2021年落成并投入使用，建筑面积5.5万平方米，经费投入约3.275亿元。经多方争取，在中央和湖南省的全力支持下，该项目列入国家中西部高校基础能力建设项目，获中央财政1亿元支持。

以办医学为例，弘扬医者仁心的医学教育理念和我校弘扬师范仁道的办学理念即我们的共同语言。湖南师范大学是全国为数极少开办医学院的师范类院校，开展医学教育经历了一段不平凡的历史。毛泽东同志的挚友、著名细菌学家李振翩先生，湘雅医学院老校长张孝骞先生，南丁格尔奖获得者周娴君先生等都是我校医学教育初创时期最为杰出的校友代表。

我们的医学院与其他综合大学医学院或专门的医学类大学不一样，一方面，可以发挥人文学科和基础理科见长的优势，培养更具有人文关怀的医学人才，提升医学交叉学科的研究水平；另一方面，师范生培养也得到了医科的反哺，临床医学院面向师范生开设的通识课程《第一目击者现场急救》广受欢迎和好评。教师与医师，在"救"

与"医"的功能上,高度地内在契合一致,学校也形成了"师范育仁医、医学助师范"的兼容格局。

实践证明,师范大学办医学教育是可行的。我们充分认识到学校教师教育与医学教育的内在关联,充分发挥以基础文科、基础理科和艺体学科见长的综合型大学办医学的独特优势,探索一条既符合医学教育标准,又具有综合型大学特点的医学教育之路。医学院从专科起步,搭乘"211工程""双一流"建设的快车,进入本科,逐步构建起涵盖本硕博一体化的医学人才培养体系。

其二,壮大学科实力。大学的共同语言是历史地形成的。在我们学校,许多专业以前本身就是一所专业性很强的学院,比如,法学院是在原湖南政法干部管理学院的基础上合并组建的,医学院由原来的湖南医学高等专科学校发展而来,音乐学院、体育学院、美术学院也都如此。从管理层级的维度看,这些学院是我校的二级学院;从学科发展水平、人才培养贡献等维度看,又充当了全省最高水平的专业学府之角色。因此,借国家"双一流"建设的东风,我们这些年大力整合学科资源,把学科长续发展的眼界放在全省乃至全国的学科谱系上来加以审视,在保持一定学科体量的基础上,不断发展壮大学科综合实力,从而提升学校的整体水平。我们正致力于以国家"世界一流"建设学科——外国语言文学学科为牵引,推动构建多学科共生发展的良好学科生态。

其三,对接社会需求。国家对高等教育的战略安排不是孤立的，建设现代化强国、提升国家的现代化治理，离不开教育现代化的支撑。在基础教育方面，我们与附中紧密联合，与地方政府联合创办了多所中小学，一方面为湖南的基础教育做出我们师大的特殊贡献，另一方面也为我们师大教师教育特色奠定更扎实的教学科研、人才培养和服务社会的新平台。在应用转化方面，我们发挥生物技术、化工、制药、信息技术、艺术设计等方面的优势，积极支持地方经济社会建设。

教育之本，在于育人；师范之要，在乎仁爱。"仁爱精勤"的校训是国师先贤在办学之初为学校烙印下的精神品格，是八十多年办学历史凝聚的共同语言。面向未来，湖南师范大学还将坚持"有师范的综合更有特色，有综合的师范更上水平"的办学思路，坚定地走师范教育与综合发展的融合之路，大力弘扬师范仁道，努力培养德智体美劳全面发展的全人英才。我们有理由、有底气相信，未来的岳麓山下将会走出更多富有初心、良心和匠心的"新教师""新医师""新律师""新工匠"……他们将秉持着母校"仁爱精勤"的精神，投身民族复兴伟业的壮阔航程。

4. 学科的交叉融合

一流的大学必然要有高水平的学科交叉融合。跨学科交叉有多重要？一项统计数据表明，在近100年的300

多项诺贝尔自然科学奖中,有近一半内容是跨学科交叉研究的成果。学科交叉融合是当前科学技术发展的重大特征,是培养创新型人才的有效路径,是经济社会发展的内在需求,也是高水平大学发展的应然之义。那么,大学应如何看待学科交叉融合,又该如何发力学科交叉融合呢?

"学科交叉融合是学科活力之源泉"

科学发展的历史表明,科学上的重大突破往往都是多学科的交叉融合、相互渗透而产生的。在某种程度上,学科交叉融合是学术思想的交融,是交叉思维方式的综合,是系统辩证思维的体现,也是产生新学科的重要源泉。

党中央、国务院高度重视交叉学科发展。2016年,习近平总书记在全国科技创新大会、两院院士大会、中国科协第九次全国代表大会上提出"厚实学科基础,培育新兴交叉学科生长点"。2018年,习近平总书记在北京大学考察时指出"要下大气力组建交叉学科群"。2020年底,"交叉学科"应运而生,成为我国第14个学科门类。2021年11月,国务院学位委员会印发《交叉学科设置与管理办法(试行)》,首次对交叉学科的内涵进行了界定,明确了交叉学科的设置条件、培养要求和调整退出机制等。交叉学科发展进入到一个飞速发展的快车道。

在此背景下,越来越多的高校开始在众多研究领域探索学科交叉,并纷纷设立交叉学科研究机构。据教育部公布的数据，截至2021年底，共有185所高校完成交叉学科备案，共备案学科616个。

"发力学科交叉融合的三重法宝"

从整体实践来看，目前国内各高校在学科交叉融合方面做了大量的有益尝试，但从具体效果来看，一些因素仍然不利于学科的交叉与融合，交叉融合效果并不尽如人意，主要体现在三个方面：其一，从管理体制上看，很多高校现行体制强化以院系为单位的学科归属管理，资源分配主要以现有的相对固化的学科为根据；其二，从内生动力上看，不同学科之间的交叉与融合既非完全自发的、自然实现的过程，也缺乏必要的鼓励学科交叉融合的有效措施；其三，从资源保障上，学科交叉融合的经费投入缺乏机制保障，也缺乏交叉学科的学科带头人。

这些困境，我们在实践中也曾经遇到，但在全面理清逻辑理路和实践取向的基础上，我们找到了三个"法宝"：组织、制度和文化。

其一，创新学科交叉融合组织形式。这些年来，学校高度注重推动学科之间的交叉、渗透、融合。早在2018年，学校就论证成立了语言与文化研究院。这是一次着力破除传统学科组织壁垒的有益尝试。语言与文化研究院是学校层面打造的第一个实体学科交叉融合组织，采取独立建制，聚集学校人文社科的优势力量，融合信息、计算机等学科，着力打造"语言与文化"学科群，致力于人文价值的历史传承和时代创新。之后建立的交叉科学研究院也是同一模式,它以基础理科为主体,面向理、工、医、文等领域着重开展交叉学科研究。实践证明,这种"特色型"实体交叉学科科研组织,能够结合学校优势学科资源及关键领域技术创新需求,高效聚合校内分散于各学院(学科)的资源,对学科交叉融合的发展至关重要。

其二,改革学科交叉融合制度体系。机制顺,则活力生。学科交叉融合若无适切的制度予以支持,便难以有效运行。这一点,我们一直在持续做优化的文章,前期主要是以"打补丁"方式进行,目前正在论证一揽子助推学科交叉融合的"制度包",比如,专门制定交叉学科成果评价、工作量计算、职称晋升制度,设立交叉学科专项建设资助及激励制度等,积极营造良好的政策环境和文化氛围,大力倡导勇于探索、宽容失败的创新氛围,引导教师积极参与学科交叉融合。

其三,凝聚跨界交融的组织文化。推进学科交叉融合要打破仅关注学科自身发展需求的内隐文化,要塑造主动契合国家战略、经济社会发展、科技进步、行业企业发展需求的外显文化。在我们的实践中,通过借助学科交叉融合实体机构组织及制度建设,孕育制度文化,促成学科交叉融合行为;同时,语言与文化研究院、交叉科学研究院下设若干个交叉研究中心,建设开放式交叉学科研究实验室等有助于交叉学科交流合作的物理空间,塑造鼓励学科交叉融合的校园文化氛围,此举对于推进学科交叉融合助益甚大。

本书特收录笔者在2023年第七届全国高等学校外语教育改革与发展高端论坛上所作的关于依托外语学科平台开展跨学科建设的专题主旨报告,该文发表于《外语教育研究前沿》2023年第2期。

外语学科平台与跨领域建设

回溯我国外语学科发展史,它诞生于中华民族与世界文明的交流互鉴之中,成长于民族意识危机之时,成熟于国家对外开放和社会主义发展阶段,始终与国家发展同向、同行,为推进经济社会发展、扩大中外文化交流、提升国民整体素养、参与国际治理等提供了强有力的智力支持和人才保障。进入新时代,外语能力既是国家的软实力,又是硬实力,无论是对内服务于乡村振兴建设、区域协调与城乡融合发展、原创性"卡脖子"技术攻关,还是对外服务于优秀中华文化与原创成果国际传播、中国国际话语权提升等,都需要外语学科和人才培养作为支撑。外语学科亟须推出具有战略性、创造性、引领性的改革举措,以应对世界之变、时代之变。

谋大事者必先观大势。观察形势、认识形势、掌握形势,是科学谋划好外语学科未来发展方向的前提。从外部环境来看,世界百年未有之大变局加速演进。世界进入新的动荡变革期,我国发展进入战略机遇和风险挑战并存、不确定难预料因素增多的时期,必须准备经受风高浪急甚至惊涛骇浪的重大考验。尤其是来自西方国家的意识形态之争攻势迅猛,从经贸、文化等各个方面形成对中国的挤压,某种程度上掌握国际话语权就是掌握大国博弈的主动权和全球治理的优先权,全民的外语能力成为国家竞争力的重要方面。但即便如此,国内仍有一些讨论提出要弱化和压缩外语教学,这无疑是陷入了自我彷徨和矛盾中。从内部发展来看,我国已经进入高质量发展阶段。新科技和产业革命浪潮奔腾而至,人工智能、元宇宙、知识图谱、ChatGPT等新兴技术已介入外语教育领域,对传统教学方式形成本质上的冲击。新文科建设大大促进了多学科交叉融合,外语等学科的专业化国际化水平越来越高,互联网程度越来越深,单一的学科视野已不能满足当前复合型人才培养需要。然而有些外语教师不能及时转变教育观念、更新教学方式,仅把外语教学当成一种语言的训练,离符合新时代要求的高质量教学还有差距。

当今世界的大发展、大变革、大调整趋势正在不断深化。习近平总书记直面时代之问,把握世界大势,提出要"准确识变、科学应变、主动求变",及时优化调整战略策略。2021年9月,习近平总书记在给北外老教授们的回信中强调"深化中外交流,增进各国人民友谊,推动构建人类命运共同体,讲好中国故事,需要大批外语人才,外语院校大有可为",明确了我国外语教育事业的时代方位和发展方向。外语学科也应当应时而为、乘势而变、越变越强,通过加强学科战略谋划和综合运筹,并借助其他学科的力量,以更大的平台和更深层次的跨领域合作作为支撑,不断开创新的发展局面。

第一,立足新发展阶段重视平台建设的必要性。教育部部长怀进鹏指出,要"加强国家智慧教育公共服务平台建设并深化应用",更好实现助学、助教、助研、助管、助交流合作,"将国家智慧教育平台打造成教育领域重要的公共服务产品",不断推动教育变革和创新;要"加强部门地区政策协调,促进学校社会资源共享",推动数字教育资源共建共享、互联互通。古往今来,外语多次承担着推动社会进步的"革命力"作用,进入新发展阶段,将国外好的文化引进来、把自己鲜活的中国故事传播出去仍是外语学科承担的主要责任。搭建更全面、更优质的学科平台既是国家需要、人民需求,也是外语学科走深走强走远的先决条件。一是外语学科的事业和平台建设需要更加开阔的发展视野。随着世界各国、各地区人民互容、互鉴、互通程度的不断加深,我国公共外交特别是中外人文、经贸领域的交流格局也在发生深刻调整,传统的单一人才培养模式已经不能满足时代所需。面对非通用语种人才、国际组织人才和"一精多会""一专多能"的高端人才匮乏局面,外语教育必须通过平台运转,以更加宏阔的视野积极服务国家对外开放的战略转变,走与国家利益、社会需求相适应的新路径。二是打造国际传播体系需要通过平台助推。从某种意义上而言,平台建设就是话语权的抢占和争夺,就是打造我们的意识形态阵地。新时代的外语教育要强化目标导向,在为"一带一路"倡议、构建人类命运共同体提供语言保障的基础上,基于中国独特传统和现实语境,创造大平台、大合作、大共享的基础条件和实践路径,助推国际传播影响力、中华文化感召力、中国形象亲和力、中国话语说服力以及国际舆论引导力"五力建设",促进形成具有鲜明中国精神特质和中国力量的国际传播体系。

第二，立足新发展目标瞄准平台建设的主要指向。长期以来，外语学科存在的知识结构单一、知识范畴不足等问题一直制约学科的跨界融合发展，因此平台建设要以开启科技人文时代的跨学科研究和复合型人才培养为目标指向。一是强化学科与学科之间的交叉融合。在新文科建设的大背景下，应科学合理地对外语一级学科内部进行优化调整。既要推进外语学科与人文社会学科之间的融通，重视学生人文素养的培养，也要推动外语学科与计算机科学和医学等理工学科之间的交叉与融合，强调学生科学素养和科学思维的培养，着力建设文文交叉、文理交叉、文工交叉融合的培养体系。二是强化学科与行业、企业的跨界联合。通过政府与高校、高校与研究机构、高校与企业之间的联通合作，共同搭建学科建设平台、人才培养平台、智库交流平台、实践服务平台、出版发行平台，通过大平台共同运作、大项目共同攻关、大专家共同协作，统筹人才培养、教学体系、学科建设和科研资源互通互融。湖南师范大学在这方面积累了一些经验，如在2023年国际传播协同协作工作会上，受邀作为全国10家单位之一，与中国外文局签署战略合作协议。此外，还与三一集团共建产业学院，与中共湖南省委宣传部、长沙市政府、邵阳市政府、科大讯飞、爱尔眼科等达成战略合作协议，为助力湖南省"三高四新"美好蓝图实施、国际传播协同协作等贡献力量。三是强化学科与跨地域、跨国界的联通融合。外语学科不仅要解决语言的问题，更要推动世界多种文明的交流对话，通过国际合作平台打破学科和地域壁垒，传播知识，促进交流，汇集稀缺资源，构建全球知识产业价值链，以解决全球性的问题。对内围绕多语种特色进行国别和区域研究战略布局；对外可以通过世界大学校长协会等平台，与国外大学、研究机构、行业建立国际伙伴关系。在这方面，湖南师范大学也做了一些探索，在国内外语学科中率先获批国家"高等学校学科创新引智计划"（简称"111计划"）资助；在48个国家和地区，与204个战略伙伴签署合作协议，在全球招聘院长和专家教授；成立"语言与文化研究院"，开展中外文化研究；目前正在整合外语、传播、人工智能等学科资源，打造"基于人工智能的精准国际传播研究中心"，力图推进构建融通中外的新平台、新体系、新表述。四是强化教学与信息技术的创新融合。《中国教育现代化2035》提出"利用现代技术加快推动人才培养模式改革，实现规模化教育与个性化培养的有机结合"，当前新技术的融合运用新模式早已为传统的外语教育赋予了全新的动能，但如何构筑更大范围、更深层次、更高水平的教育合作共同体，实现外语个性化教育仍值得思考。其一，增设智能翻译等应用类课程，助推教师角色由"单纯讲授知识"向"提升学生素养、帮助学生成长"转变，培育起教师与人工智能协作共存的教育新生态。其二，利用人机交互、自然语言处理、生物特征识别等技术创新教学手段，做好小规模限制性在线课程的设计，强化大数据分析研判，努力营造课内课外、线上线下、实体虚拟相结合的智能化教学环境。其三，通过区块链、大数据等技术，进一步集成、分析和共享各级各类学校、教师、学生、课程等信息数据，形成规范统一、安全互联的外语教育数据开放体系。其四，借助ChatGPT、知识图谱等技术，建设全学科的、可访问的外语教育知识系统，突破学习资源语义化分析、个性化推荐等技术在教育领域的瓶颈，最终实现个性化的学习。有了好的平台,并不等于摈弃传统教学方式,而是为了更好地推进教与学之间、师生之间的融合,以较短时间获取更重要的知识精华,更新更多的知识储备。

第三,立足新发展格局聚焦平台建设的着力点。建好平台、用好平台,最关键的是要服务于新时代中国式现代化建设。通过深入推进人才培养模式改革,深刻领会学科方向变化的内涵和价值取向,努力构建中国理念、中国风格、中国气象的外语教育发展体系和国际精准传播体系。一是要进一步聚焦跨学科研究和复合型人才培养,建立更加开放的人才培养机制。人才培养必须"真枪实战",光学语言不行、光从书本上学也不行,一定要从多方面、复合型、全领域考量,尤其要通过语言加强国际传播、文化输出的实战教学,实现外语教育同课程思政、三全育人、数字教育技术等协同共进,积极服务国家对外开放的战略转变,走与国家利益、社会需求相适应的新路径。积极探索跨学科交叉培养、校外协同培养、国际联合培养,实现外语教育的工具性和人文性有机融合,培养和造就一批政治信仰坚定、家国情怀深厚、文化素养全面的跨学科拔尖创新人才。二是聚焦国际精准传播,讲好中国传统和当代文化的故事。讲好中国传统的故事离不开经典外译,经典外译始终是我国对外文化交流和宣传的重要途径。但在精准传播视域下,文化概念与表象的传播已不能满足意识形态之争,也不能满足世界人民对中华文化的向往,深层次的传播必须依托于中国哲学思想、道德观念和当代价值。如翻译学、比较文学与跨文化交际、国别与区域研究这些方向可以通过跨界融合,成为中华文化研究的主阵地,打造外语学科融合中华文化研究的学科架构，逐步主导国际学术话语权。湖南师范大学在这方面也做了一些工作，参与策划编译了《大中华文库》丛书，出版了"湖湘文化与世界"系列丛书，目前正在编辑翻译《汉英对照湖湘经典》丛书等。但这些还远远不够，要持续推动经典作品体系的重建与扩容，为经典作品在各国各地区的经典化再生做好战略安排和文化设计，向世界阐释和宣介具有中国特色、体现中国精神、蕴藏中国智慧的优秀文化。同时，还要讲好当代中国特色社会主义如火如荼的实践故事。在做中国文化外译的时候，要注重把中华文化同人民对美好生活的向往联系起来，以乡村振兴、新农村建设等故事为落脚点，坚持以我为主的翻译策略，将重点放在跨越异质文化的"求异"上，达到"文明求同、文化存异"，用鲜活的语言表达中国的传统与现代、阐释中国与世界的关系，构建既具有鲜明中国内涵又具有世界意义的话语体系，从而促进中国国家形象塑造，彰显中国的世界担当。例如，湖南师范大学通过"中国·十八洞"中英文网站建设的翻译、"雷锋精神国际传播"、建好海外孔子学院、开展外语教育援疆并在新疆成立"基础外语教育实践基地"、在革命老区平江援建颐华学校并挂牌"教育硕士专业学位研究生联合培养基地"等，讲述好精准扶贫、生态旅游、红色中国等当代发展故事，这些都是外语实践很重要的一方面。

概而论之，中国的发展惠及世界，中国的发展离不开世界。做好外语学科建设不仅关乎高等教育事业发展全局，更是用好全球市场和资源发展中国；不仅关乎人民对美好生活的向往，更与扎实推进高水平对外开放、推动世界共同发展紧密关联。使命在肩，大道向前。让我们以时不我待、敢于担当的新时代精气神，一起来实现自己心中的外语教育理想，携手创造、共同书写中国外语学科发展更加美好的明天。

5. 智能时代与大学变革

当前，新一代人工智能（AI）正在全球范围内蓬勃发展。人工智能被认为是第四次工业革命的引擎，但是不同于以往其他概念，人工智能不是一个学科，也不是一个产业，它是一个时代的象征，渗透和影响着人类社会的各个角落，高等教育也不例外。

2022年底，由人工智能驱动的ChatGPT风靡全球，其能同时回答大规模并发的中文、英文、西班牙文等多语种以及哲学、文学、历史、医学等多学科问题，还善于编程、绘画、写诗等。从多学科融合、大规模并发这些指标来看，ChatGPT已经超越了世界上任何一个人的智能。该技术甫一推出，便引发了全球广泛关注。在高等教育领域，人们在憧憬和展望新技术改变世界的同时，也不无忧虑地热议"我的教学工作，会被AI取代吗？"

依照个人的观点，人工智能必定会取代大部分机械性的工作，一些重复性、低技能的工作岗位将会消失，老师们必定要转向更有创意、更有创造力、更有体验的工作；而对大学本身而言，人工智能在不久的将来，必将催生前所未有的深刻变革，甚至引发全局性甚至颠覆性的重塑。可以说，人工智能对未来高等教育的发展，不仅创造了前所未有的机遇，也带来巨大的风险挑战。《左传》有云：思则有备，有备无患。睿智的大学的一个重要特征是能把握未来可能的变化。面对智能时代的滚滚浪潮，我们要冷静观察和审视当前面临的问题和挑战，未雨绸缪，做好前瞻性准备。

其一，做好理念的转型。 大学的优势虽然在于基础研究和人才培养，但如果我们脱离社会去空谈，不知道真正的价值在哪里，完全可能丢掉大学存在的意义。客观地讲，我们不少的大学更愿意封闭在象牙塔里孤芳自赏。反观世界上一些顶尖大学，面对新技术革命带来的冲击，斯坦福大学10年前就启动了"斯坦福大学2025"，走上了颠覆现有教育模式之路，密涅瓦大学则通过转型发展成为了世界排名第一的创新性型大学，等等。到了这个时代，全世界的大学都开始谈变革，如果我们还不作创新、还不作改变，那是绝对不行的，只会湮灭在历史的尘埃里。而这种变革首先始于理念的转型，我们必须改变以往固化的思想观念，要实现从"象牙塔式的、封闭式的、课堂式的教育"到"紧密对接社会，社会需要什么，我们就做什么"的范式转变，以更加前卫的理念、更加开放的胸襟，借助新技术的赋能、增能，切实推动大学的高质量发展。

其二，做好体系的重构。 大学要保持旺盛的活力，必须要不断做好体系优化重构。**在体制机制上，要聚焦新**

工科、新医科、新农科、新文科等战略重点，有效打通学科、部门之间隔阂，破解影响发展的瓶颈难题，不断优化重塑适应产业变革的制度体系。**在对接服务上**，要锚定国家战略需求与区域经济发展，加强与政府、企业合作，组建问题导向的联合研究机构，构建"产学研用"共同体，加快科技成果转化和产业化，将研究成果变成新质生产力。**在学科设置上**，未来的学术前沿将更多出现在跨学科领域，跨学科教师聘任、跨学科机构设置都将是必然趋势，要瞄准产业需要，切实推进跨学科交叉融合。**在课程体系上**，要对标产业变革需要，建立基于关照学生整个职业生涯周期的课程体系，坚持淘汰落后"产能"，删除陈旧课程和教材内容，避免"另一种教育浪费"。**在人才驱动上**，要持续深化"人才强校"战略，着力引培"战略科学家"，以最优秀的人集聚最有潜力的学科团队，不断抢占科技创新制高点。

左图

2024年1月，笔者与学校校长刘仲华院士、校纪委书记姚春梅教授以及有关职能部门负责人，考察副校长潘安练教授领衔的"微纳结构物理与应用技术省重点实验室"。潘安练教授长期致力于低维半导体光电材料与集成器件研究，是国内光电材料和集成光子学领域的领军人物和该领域科技成果转化标杆典型。图为笔者试戴实验室研发的搭载Micro-LED微显示芯片的AR眼镜。

其三，做好长远的谋划。 智能时代对高等教育的深刻变革还远没有显现出来，甚至很多变革我们可能还远远没有认识到。作为一名新时代的大学管理者，我们应当敏锐感知和深入发掘那些许多人还远没有意识到的事物。面对未来，我们应意识到，和过去几十年的改革相比，人工智能时代大学改革的一个显著特征是整体性革新，绝不是大学某个点上的调整，同时，人工智能带给大学的变化并不仅仅是对当前大学已有元素的革新，而必定是注重创造能够孕育新元素涌现和生长的环境。基于此，我们推进智能时代的大学变革，不能只重视对已有的元素和体系的革新，也不应仅仅满足于一时一地的局部调整，更不能囿于内部机制体系的简单优化，而应该坚持系统观念，加强前瞻性思考、全局性谋划、战略性布局、整体性推进，真正实现在变化中守正创新，在变革中追求卓越。

溯源而上，在人类社会的发展进程中，大学因撑起理性的灯塔、照亮前进的道路而受到尊重。面向未来，大学也不该囿困于象牙塔中，要主动迎接挑战、接受洗礼，如此方能焕发并永葆生命力。

这些年，笔者深度关注科技革命对教育的挑战与机遇。个人看来，面对以人工智能为代表的新一轮科技革命应当乘势而变、创新求变，切实把握机遇，在识变、应变、求变过程中激发大学的创新活力。本书特收录笔者2019年发表在《光明日报》上的理论文章《人工智能给外语教育发展带来新机遇》。

人工智能给外语教育发展带来新机遇

1980年，未来学家托夫勒（Alvin Toffler）出版《第三次浪潮》，预言了信息化时代的到来。这才过去30多年，人类就迈过信息化而进入了人工智能时代。有人感叹，人工智能"翻译官"上岗，翻译人员是不是要丢饭碗了？外语专业的学生该怎么办？外语教育又将何去何从？这些疑问充分说明，外语教育正面临着重大发展机遇与挑战。

作为一项新兴技术，人工智能是从制造翻译机器开始的。借助机器翻译，不同语言环境下的人可以无障碍地进行交流。经过演进升级，以人工智能为支持的"神经网络机器翻译"逐渐占据了精度要求不高的中低端口笔译市场，对翻译服务业形成了不小冲击，但这并不意味着翻译人员就会丢掉饭碗。就机器翻译本身来说，语言学家做机器翻译的语料库，数学家把语料形式化和代码化，计算机科学家给机器翻译提供软件手段和硬件设备并进行程序设计。这个过程说明了人工翻译存在的必要性——因为语料库不能及时更新，机器翻译将无法满足人类的翻译需求。所以说，高端翻译仍然必不可少。

与此同时，人工智能有效提升了外语教学的实用性、针对性。教师在教学中能够及时根据客观大数据调整方式方法，让学生在强互动和趣味性的环境中更好地学习与成长。而面对高端教育资源匮乏、基础教育"择校热""大班额"、中西部欠发达地区乡村教育师资紧缺等实际问题，人工智能带来的变革让外语教育更加公平。

尽管机器翻译给人们带来了巨大便利，外语教育仍然不可替代：其一，从质的方面看，外语教育不是翻译技术的教育，而是一种价值教育、人文教育、跨文化教育，是人文交流的一种重要形式。其二，从量的方面看，外语教育不同于机器翻译的同质化生产模式，而是重在塑造跨文化交际能力。其三，从尺度方面看，外语教育遵循的不是物的尺度，而是充分考虑了人类文化的特殊性、交流情感的微妙性、翻译语境的差异化等人的内在尺度。

习近平总书记强调："新一代人工智能正在全球范围内蓬勃兴起，为经济社会发展注入了新动能，正在深刻改变人们的生产生活方式。"外语教育工作者要把握这一历史契机，深化外语教育改革，使人工智能更好地为推动发展、造福人民服务。

一要积极推进变革。人工智能不会取代教师课堂教学，反而会促进外语教育的进步。人工智能技术与教育的融合，必然推动课堂教学方式的转变。在"互联网+"背景下，要不断丰富课程设置，增加智能翻译等技术应用类课程；推动教学方式转变，推进智慧教室、智慧校园建设，更加注重人工智能技术在课程教学中的运用。

二要加强统筹规划，实施分类指导。人工智能作为国家战略，需要在广泛调研的基础上，做好顶层设计，坚持科技引领、市场主导等基本原则，加快与外语教育深度融合。具体而言，就是要统筹规划各级各类外语教育人工智能平台，推进共建共享，避免重复建设；地方教育部门和各类型教育机构根据自身实际，多样化推进人工智能在外语教育领域的创新发展；重点做好贫困地区特别是中西部欠发达地区的外语基础教育人工智能平台建设，开展发音矫正等一对一智能辅导。

三要不断丰富教育内涵。在人工智能尚未代替人工翻译之前，外语教育必须未雨绸缪，将培养更高质量的"跨文化、多语种"复合型人才作为新时代外语教育的必然选择。通过结合"一带一路"倡议和中国文化走出去等国家战略的实施，强化外语教学作为文化教学和跨文化教学的学科意识，实现人工智能和人文教育有效结合，满足学生个性化成长发展的需求，培养集"专业知识+外语技能+文化素养"为一体的复合型人才。

《光明日报》2019年03月16日12版

6. 何以加速科技创新成果转化？

100年多前，英国学者李约瑟（Joseph Needham）曾提出过著名的"李约瑟之问"：在近代以前的漫长岁月中，中国人在应用自然知识方面长期领先欧洲，但为何近代科技蓬勃发展未能在中国出现？"李约瑟之问"背后指向就是科技创新和成果转化。高校作为科技第一生产力、人才第一资源、创新第一动力的结合点，是国家和区域创新体系的重要组成部分。作为一所大学的管理者，我时常在思考,面对"李约瑟之问",我们的学校如何积极行动,推动科技创新和成果转化?

多年来,我考察了诸多世界一流大学,清晰地发现一个现象:越是一流的大学越是重视创新,越是把推动创新成果转化摆在突出位置。比如,美国斯坦福大学推动科技创新,涌现出一大批高新技术企业集群,造就了著名的"硅谷";依托麻省理工学院和哈佛大学,波士顿128公路地区建立了享誉全球的高技术园;英国依托剑桥大学等一流大学,先后建立剑桥科技园、沃里克大学科技园、阿斯顿大学科技园;德国柏林工业大学催生了西柏林革新与创业中心,等等。而国内的典型案例,远有20世纪80年代末依托北京大学、清华大学等高校着力强化科技创新和成果转化,打造了闻名遐迩的中关村科技园区,近有安徽省依托中国科技大学等高校的创新力量成为助推合肥经济持续高速增长的密码。

那么,这些高校又是如何推进科技创新和成果转化的呢?为此,我深度考察了世界上最负盛名的英国剑桥大学和剑桥科技园。过去几十年,剑桥大学在全力加强科技创新的基础上,高度重视创新成果转化,主导并建立了剑桥科技园,协同政府、企业群的力量,构建了科技创新成果转化"生态系统",通过制定灵活的人才管理机制、宽松的知识产权制度、与产业界深度互动机制等配套政策,成立"剑桥企业""创业学习中心"等企业孵化或创业教育平台,保障这个"生态系统"健康平稳发展，实现了剑桥大学的师生创新成果快速走出实验室，走向产业化。对比剑桥大学的成功实践，我认为，制约我们科技创新和成果转化的主要瓶颈有三个方面：一是科技创新成果转化的机构、队伍和平台建设力度有待进一步加强；二是科技创新成果与市场需求的结合有待进一步强化；三是科技创新成果转化的政策和机制有待进一步完善。我的理解是，搞好大学的科技创新必须建立良好的"生态系统"，这个生态系统要有支持创新创业活动所需的"阳光、土壤、空气和水"。其中，"阳光"代表着思想指导，提供精神上的激励和方向。"土壤"象征着基础环境和条件，包括政策扶持、法律法规、创投氛围和产业生态等，政策扶持如股权激励、税收优惠等，相当于给予土壤充足的营养；创投氛围和产业生态则如同土壤的肥沃程度；"空气"代表着创新创业的氛围和文化，为创新创业者提供灵感、支持和指导，类似于清新的空气使人精神焕发。"水"则比喻创新创业的资金和资源支持，包括资金、技术和人才等。

这些年，我和同事们一道，直面问题、精准发力，学习借鉴国内外一流大学的成功经验，着力推动我校创新创业工作，在创新成果转化方面取得一系列成果。目前，学校在鱼类育种、量子科技、化工新材料、精准国际传播、智能计算与智能传感和文化创意等领域产业优势显著，形成了刘仲华院士的"茶"、刘少军院士的"鱼"、潘安练和王国秋教授的"芯"、李少波团队的

"字"、孙舜尧教授的"绣"等品牌成果[1]。近三年,我校促进科技成果转化63项,签订技术服务合同439项,到账金额1亿余元,合同经费增长了37.8%;经技术合同登记认定共计601项,合同经费3.36亿元。这些实实在在的成绩改变了社会上对"湖南师范大学只是人文见长、创新成果转化不行"的刻板印象。我们的主要着力点有三:

第一,构建协同生态系统。这个"生态系统"要包含支撑它健康发展的"阳光、土壤、空气和水"。在此基础上,要重点建立专门的创新成果技术转移机构,可以将它建立在校园中,也可以将它建立在大学科技园中。它既要最大限度地将创新成果推向市场,促成企业和高校合作,也要依照国家的政策法规,建立符合学校科技生态的成果转移转化利益分配机制,最大可能规避成果转化中的利益冲突;还要与社会资本、政府机关、企事业单位、大学和研究机构等社会各界建立广泛联系,发挥好创新成果转移、转化的中介功能。为此,学校专门成立了资产经营管理公司、科技创新成果转化与开发办公室、知识产权中心等专门机构,在全省率先开展专利申请前

---

[1] 刘仲华的"茶",助推我国茶叶深加工快速发展,催生了千亿级茶叶;刘少军的"鱼",助推我国水产业发展及湖南渔业千亿产业目标的实现;潘安练的"芯屏一体化"研究,开发的面向AR应用硅基Micro-LED微显示芯片技术引发业界关注;王国秋的"压敏芯片",填补我国工厂规模生产线的空白,解决了工程机械液压系统传感器长期依赖进口的现状;李少波的"字",为我国首套拥有自主知识产权的C919国产大飞机驾驶舱显示字体,有效提高了国产大飞机的自主生产率、品牌辨识度和国际竞争力;孙舜尧的"绣",作为"中华国礼"走进了"一带一路"国际大舞台。

评估工作等。我们也欣喜地看到，岳麓山大学科技城也已组建了专门的类似机构。

第二，创新人才管理机制。推动成果转化，必须在国家政策范围内，积极探索建立一种全新的人才管理机制，鼓励教师自主创新行为，让他们能心无旁骛地从事教学科研、创新创业。这样不仅有利于高校创新成果实现加速转化，也有利于老师们不断深化学科前沿知识，进而应用到教学和科研实践中去，实现创新成果既能"顶天"，也能"立地"。这些年，学校进一步修订完善了《专业技术职务评聘管理办法（试行）》《"潇湘学者计划"实施办法》《"世承人才计划"实施办法》《关于进一步加强人才引进工作的有关意见》等文件，突出成果转化，将转让发明专利、主持横向项目到账经费纳入校内人才计划入选条件，形成破五唯、高标准、严管理、重统筹的人才引进、遴选、聘任、考核、评价制度体系。

第三，营造良好政策环境。实践证明，一套多元化的评价体系，对于提高科技成果转化效率至关重要。这就要求学校改革评价体系，提高包括职称评价在内的各类评价的实践性分值的比重，提升创新成果转化在研究人员的评价体系中的分值比重。这些年，学校除了加快落实《中华人民共和国促进科技成果转化法》等文件之外，还先后修订了《湖南师范大学科技成果转移转化实施办法》《湖南师范大学知识产权管理办法》等系列文件，这些举措对激发研究人员的工作积极性、提升大学创新成果转化效率具有重要意义。

右图
2018年,笔者访英期间,与牛津大学新学院财务总监、英国学生事务委员会委员大卫·波尔弗里曼(David Palfreyman)教授在牛津校园中交流。

2018年5月27日至6月16日,笔者受邀担任由中国教育国际交流协会组织的"千名中西部大学校长研修计划"赴英国代表团团长,带领18所中西部高校校领导赴英考察学习。期间深入英国剑桥科技园调研,撰写了《大学科技园视阈下高校科技成果转化路径探索——来自英国剑桥科技园的经验》一文,发表于《现代大学教育》(2018年第6期)。本书特收入该文。

大学科技园视阈下高校科技成果转化路径探索
——来自英国剑桥科技园的经验

高校作为科技第一生产力、人才第一资源、创新第一动力的结合点,是国家和区域科技创新体系的重要组成部分。在知识经济语境下,加快高校科技成果转化、推进产学研深度合作、构建开放型自主创新体系,业已成为增强国家和区域竞争力的现实需要和必然选择。大学科技园是高校实现社会服务功能和产学研合作的重要平台。纵观世界一流大学,无不在其周边衍生出服务大学科技成果转化的大学科技园。比如，美国斯坦福大学（Stanford University）周围发展出一大批高新技术企业集群，成为著名的"硅谷"；依托麻省理工学院（Massachusetts Institute of Technology）和哈佛大学（Harvard University），波士顿128公路地区建立了享誉全球的高技术园区；德国柏林工业大学（Technische Universität Berlin）附近成立西柏林革新与创业中心；英国也依托剑桥大学（University of Cambridge）等一流大学，先后建立剑桥科技园、沃里克大学（The University of Warwick）科技园、阿斯顿大学（Aston University）科技园等。它们都以各自独特的发展方式，为促进大学科技成果转化、助推区域经济发展和提升高新科技产业竞争力做出了重要贡献。这些成功的经验为我国高校的科技成果转化和大学科技城（园）建设提供了借鉴和参考。本文重点考察英国剑桥科技园，之所以选取它为研究对象，是因为英国是世界工业革命的发源地，也是最早关注科学技术对社会进步影响的国家。

一、剑桥科技园与"剑桥现象"

英国是世界上工业最发达、技术最先进的国家之一。在世界近代科技发展史上，牛顿（Isaac Newton）、瓦特（James Watt）、法拉第（Michael Faraday）、麦克斯韦（James Clerk Maxwell）、达尔文（Charles Robert Darwin）、道尔顿（John Dalton）、霍金（Stephen William Hawking）等一连串英国人的名字至今闪耀寰宇。及至今日，英国仍以占世界1%的人口，从事世界5%的科研工作，发表学术论文占9%，引用量达12%，仅次于美国，获国际大奖人数约占世界的10%，迄今已涌现出90多位诺贝尔科学奖得主，创造了世界排名第六的国民财富。

在英伦三岛的土地上，重视科学研究和技术发明有着深厚的文化传统。17世纪，英国著名唯物主义哲学家和科学家培根（Francis Bacon）就论述了科技对人类的重要作用，提出"知识就是力量"的著名论断；19世纪英国教育家惠威尔（William Whewell）在《归纳科学哲学》一书中首次提出科学家（scientist）一词，他将"对于一般培植科学的人"称呼为"科学家"；20世纪初，英国物理学家贝尔纳（John Desmond Bernal）出版《科学的社会功能》，指出科学的功能便是普遍造福于人类。第二次世界大战之后，世界各国都开始大规模资助科学技术活动，英国也采取一系列有效措施，加快推进新技术的研发和科技成果转化。特别是1959年斯诺（Charles Percy Snow）在剑桥大学发起"两种文化"论辩并出版《两种文化》之后，在爱丁堡学派研究小组等的直接推动下，加速了英国政府对科学研究全方位的研究。20世纪60年代末，英国政府进一步调整科技战略，大力支持企业界与学术界合作，鼓励大学和科研机构设立具有"孵化器"功能的"科学工业园"，倡导"研究—实验—应用"三者融为一体，促使大学研发的新技术成果能直接应用于企业生产。在此背景下，剑桥科技园诞生了。

1970年，在剑桥城市西北角一块9.7万多平方米的土地上，剑桥大学著名的三一学院（Trinity College）创建了剑桥科技园，其主要职能是利用三一学院的科技和人才优势，对生物技术、电子信息技术等科技成果进行孵化和转化，并为产业化提供技术咨询服务和商业配套支持。随即，一大批富有战略眼光的大学教授和研究员预见到园区的广阔前景，踊跃地参与进来，为科技园快速发展提供强大助力。加之政府推动、企业群支持，科技园以剑桥大学为依托，迅速构建起以大学、新兴公司、大型跨国企业等相互协作的产业网络，形成极具活力和创新特色的经济形态。在剑桥科技园的引领下，奇迹般地出现"剑桥现象"（Cambridge Phenomenon），即：在过去的40多年中，围绕剑桥大学及其周边地区，雨后春笋般涌现出大量高科技企业，促使园区平均每年国内生产总值增长6.3%，大大高出英国3.4%的整体水平，累计为英国创造税收550亿英镑，实现出口总值280亿英镑，为英伦三岛重新注入新的活力，科技园也成为整个英格兰东部地区的发展中心，与美国的硅谷一道享誉世界。

"剑桥现象"是剑桥大学依托剑桥科技园推进科技成果转化带来的巨大成功。盖茨（Bill Gates）说，"剑桥大学和剑桥创新集群，是人类为开创崭新事业和新兴产业，进而让我们所有人的生活都变得更加美好而发挥伟大才智的灵感激发器"。追溯剑桥科技园的发展脉络，可以发现，"剑桥现象"代表的这种以高科技为核心的创新性经济增长方式，其形成绝非一个短促的历史过程，而是知识和技术积累到一定程度，依托大学和科技园区形成的集中"喷发"。而这种"喷发"实现了英国东部地区经济的持续活跃，使之成为英国新经济中枢的主要组成部分。但是，与美国"硅谷"不同，剑桥科技园依托剑桥大学，始终专注自身所长,坚持自身独特的发展模式,通过一项项科技成果孵化出一大批富有活力的小型科技企业。这些"小微企业"活跃在当今前沿科技的各个领域,并极其专注于各自的擅长领域,产生了超乎想象的竞争实力,凝聚起了推动英国新经济发展的"剑桥"动能,使得剑桥大学成为英国科技创新的新高地,剑桥科技园也成为欧洲最成功的科技园。

二、剑桥大学在剑桥科技园的成功实践

剑桥之于剑桥科技园,犹如斯坦福之于硅谷。"剑桥现象"的出现,剑桥大学在其中扮演了独一无二的角色,与其说是剑桥科技园发展的成功,不如说是剑桥大学利用剑桥科技园,推进科技成果走出实验室、走向商业化的成功。当年,三一学院创建剑桥科技园的初衷是:为创业者提供短期的、质优价廉的小型用房;促进教师与产业界加强联系,让学校的科技成果与企业结合,加快产品化,实现商业化。在这40多年的实践中,剑桥科技园为剑桥大学科技成果转化提供了一个转化"容器"。在这个"容器"中,一方面,剑桥大学的科技成果能够独立孵化成为企业;另一方面,科技成果也可以与科技园中企业实现合作共赢,提高了转化的成功率和质量。可以说,剑桥科技园切实发挥了剑桥大学科技成果转化"孵化器"和"加速器"的功能。

与国内典型的大学科技园区相比,剑桥科技园的规模相对较小,园区安逸而宁静。在建立之初,它就恪尽职守地发挥着科技转化和产业化的功能,谨慎低调地参与市场活动,专注于生物技术、纳米技术、通信技术等自

身所长,稳步前进。剑桥科技园最成功的经验是:在政府、企业群的支持和协同下,构建交互协同的"生态系统"(ecosystem),并且使之发挥巨大功效。这个"生态系统"的核心要素包括:一流的大学和科研机构,提供学术与人才资源支持;浓郁的商业化企业文化;成熟且健全的社交网络文化,促使大学和企业紧密融合;大学与商业机构的合作,为创业提供资金支持;众多的成功案例,激励着大量师生投入创新创业。而这个系统最大的特色在于,以"剑桥大学"为核心,构建起一个完整的"闭环",即:剑桥大学兴建并主导科技园建设,政府在政策、资金上提供支持,以及各类社会资本涌入,实现"大学政府企业"的三方互动,促使园区发展愈发专业化和集群化,在"反哺"剑桥大学发展的同时,更加促使剑桥大学从传统人文领域逐步开始转向科技领域发展,进而源源不断地为园区的发展提供动力,推动科技成果的转化和商业化,使科技园能更好地循环。值得注意的是,这个生态系统强调科技创新,重视与产业界的"亲密合作",但是,这并没有导致剑桥大学过度商业化,反而通过科研和教学并举、大学与产业融合,发挥出多元领域联合培养人才的优势,同时这种优势还转化为产业的多样性,使得区域经济的生命力和竞争力得以显著增强。

毫无疑问,在这个生态系统里,剑桥大学的作用是独特而显著的。各个环节都离不开剑桥大学的参与和支持。为促使生态系统平稳运作,剑桥大学专门制定一系列的具体政策。下面几项政策颇具代表性。一是灵活的人才流动机制。剑桥大学实行教研人员短期聘用制,同时鼓励教师兼职,规定只要很好地完成教学科研任务,就可以让教师自行决定是否兼有第二职业。此举为教师在大学与园区之间的流动提供了便利。二是降低科技园入驻房租。入驻剑桥科技园的企业，支付的房租比商业租房要低得多。三是宽松的知识产权制。学校规定技术的知识产权由教师个人所有。而对于发明产生的收益或专利技术商业化的收益共享，剑桥大学在技术发明者、学校和院系三者间作出清晰分配：第一个10万英镑，发明者占90%，学校和院系分别占5%；第二个10万英镑，发明者占60%，学校和院系分别占20%；超出20万英镑，发明者占34%，学校和院系各占33%。此举营造了鼓励开展科研和积极创业的制度环境和良好氛围，有力提升了成果转化和商业化的效率。四是开放地与产业界建立深度互动。剑桥大学与产业界在人才培养上实现联动，定期引进产业界人士来校授课或开设讲座，鼓励学生既要融入教授们的科研实践中，又要到企业一线实习或兼职；积极承担企业委托的科研任务，为企业提供咨询服务和技术支持；开放地与所有的经济实体开展实质性交流，与不少大跨国公司或集团合作建立科研机构等。

与此同时，为配合这一系列政策的实施，剑桥大学创建了两个至关重要的机构：一个是剑桥企业（Cambridge Enterprise）；另一个是创业学习中心（The Centre for Entrepreneurial Learning）。剑桥企业是剑桥大学专门的企业孵化器。企业孵化器机制是剑桥生态系统中一个非常重要的机制，它为技术转化和初创企业创造了良好环境。剑桥企业与斯坦福大学的技术许可办公室（Office of Technology Licensing）功能类似，目的是安排专门的一班人去做专门的事，既能让实验室的教授们安心研发前沿科技，不必担心技术转化与利益纠葛，也可以为有意创业的教授以及其他创业者、企业等各类主体提供包括法律、资金、经营服务等全方位的支持。剑桥企业提供的服务主要有三类。第一，专利授权服务。为研发人员在专利申请、寻找技术购买者、技术成果商业化运作等方面提供服务，同时对技术转让过程中的每个环节给予详细指导。第二，提供科技创业服务。帮助有创业意愿的师生提供咨询、指导、资金、场所等方面的资源支持。比如，剑桥企业会为初期的创业者提供专门的孵化空间（Incubator Space）、单独的创业导师和"专家门诊"，并专门印制《创建一家科技公司》（"Starting a Technology Company"）以详细介绍创业流程。更为重要的是，剑桥企业还能为企业提供风险投资基金，以帮助企业解决创业资本问题，这个基金叫做剑桥企业种子基金（The Cambridge Enterprise Seed Funds），由剑桥企业自己运营，主要包括风险基金（资本额240万英镑，1995年成立）、大学挑战基金（资本额400万英镑，2000年成立）和大学发现基金（资本额500万英镑，2008年成立）。这三种资金会根据不同的目的，分成不同的层次，并按初创企业不同发展阶段分别加以支持。第三，提供对外咨询服务。剑桥企业是剑桥大学全资拥有的有限公司，除了对剑桥大学内部的师生提供创业服务之外，也面向社会提供专业的技术咨询服务。

创业学习中心是剑桥大学创业教育机制的核心体现。它设立在剑桥大学贾吉商学院（Cambridge Judge Business School），建立了一套先进的创业学习机制，以必修课、选修课或培训项目的形式在全校范围内开展创业教育，倡导一种积极型的创业文化，着力培养学生的合作精神和交流能力，帮助师生习得商业知识、培养商业能力、储备创业经验。创业学习中心的课程经典而又广泛，涵括创业和经营的方方面面。很多课程还直接为剑桥工商管理硕士和工程管理专业的本科生开设。知名的课程有："点燃"（Ignite）、"加速剑桥"（Accelerate Cambridge）、"企业星期二"（Enterprise Tuesday）等。比如，"企业星期二"，该课程邀请各领域的领导者授课，是非选修的免费晚间课程，面向剑桥大学全体师生开放，课程修完后由创业学习中心颁发结业证书，具有很高的公信力；点燃项目也叫做点燃创业集训营，是剑桥大学商学院组织的开放式培训项目。近10年来，点燃项目成效斐然，在全球25个国家和地区促成170多个公司成立。

三、剑桥科技园对大学科技成果转化的启示

当前，湖南长沙的岳麓山下一座大学科技城也正在兴起，它的目标是要打造成支撑长沙、引领湖南、辐射中西部的科技创新动力源，成为具有全球影响力的国家大学科技城。如何充分发挥区域之内大学的优势，畅通高校科技成果"孵化－转化－产业化"的链条，实现资源共享、平台共建、项目共孵、价值共创、利益共赢，对大学和大学科技城的内涵式发展尤为紧要。与国外情况不同的是，在我国，各级政府将大学科技城（园）作为区域创新体系中的重要组成部分，纷纷给予高度重视，在用地安排、基础设施、环境改造、制度设计、项目支持等方面给予最大的政策和资金支持，充分体现"集中力量办大事"的制度优越性。在此语境

下，高校则更加需要思考，如何充分用好大学科技园，将蕴藏在高校内的智力资源释放出来，将人才、学科和研究优势转变成产业、经济优势，这对加速推进高新技术产业发展、培育新的经济生长点具有重要意义。在这一点上，剑桥大学科技园给我们带来若干经验和启示。

其一，健全高校科技成果转移体系。目前，影响国内高校科技成果转化最主要的因素是转移体系不健全，原因较多。主要的有：缺乏像剑桥大学的剑桥企业、斯坦福大学的技术许可办公室等专职负责成果转化的组织或机构，从而导致实验室成果难以"走出去"，更谈不上实现产业化；想要创业的师生缺乏精准而专业的技术咨询、市场分析、风险评估等配套支持服务，成果转化和产业化率低、失败率高；缺乏对接科技园中企业的"中介"服务，各院系无法获悉企业真正需要的科研技术，导致研究成果脱离市场。因此，高校有必要建立专门的成果技术转移机构，可将它建立在校园中，也可以将它建立在大学科技园中，甚至还可以由"大学群"中的几所学校联合建立。这个专门机构，要实现高度专门化和专业化，既要最大限度地将科技成果推向市场，促成企业和高校师生的合作，也要依照国家的政策法规，建立符合学校科技生态的成果转移转化利益分配机制，最大可能规避成果转化中的利益冲突；还要与社会资本、政府机关、企事业单位、大学和研究机构等社会各界建立广泛联系，发挥好成果转移、转化的中介功能。

其二，完善创新人才管理机制。人是一切活动的关键因素。剑桥大学为了鼓励教师到剑桥科技园去创业，采取灵活的人事制度,对教师专门实行短期聘用制,并且鼓励教师兼职,从事相关研究开发和经营活动,这为剑桥大学的成果转移、转化提供了极大便利。目前国内现行的人才管理机制,一定程度上限制了大学教师的创业行为。基于此,高校应该在国家政策范围内,积极探索建立起一种全新的人才管理机制,鼓励教师在大学科技园的创业行为,让他们同时拥有"大学人"和"园区人"的双重身份,从而使得老师们能心无旁骛地去搞教学科研、去创新创业。这样必将大大加强高校和大学科技园之间的人员互动,不仅有利于高校科技成果实现加速转移,也有利于老师们不断深化学科前沿知识,进而应用到教学和科研实践中去,实现科技成果既能"顶天",也能"立地"。

其三,大力发展创新创业教育。可以发现,剑桥科技园企业的创始人许多都源自剑桥大学,这种现象完全得益于剑桥大学一直以来高度重视师生创业教育特色。目前,在国家的强力推动下,全国上下掀起了"大众创业、万众创新"的浪潮,但是落地有效的举措推广得还不多。高校要采取切实措施将创新创业教育融入人才培养的全过程,鼓励学生参与到创新创业教育的学习中来;要重点培养和储备一批既有完整的教育理论知识体系,又有创业实际经验的专职创新创业教育队伍;要建立类似于剑桥大学创业学习中心的创业教育机构,并充分发挥好它作为创新创业教育实践平台的作用,让师生能在大学科技园中有充裕的学习创业的时间,切实感受创业实战氛围,不断提升自己的创业能力。

7. 书院与大学

书院与大学绵延而续，一脉相承。纵观中外教育史，古希腊的"学园"凭借其在哲学、修辞、几何和法律等方面的教学成就，一直被看作大学最初的源头。公元前387年，柏拉图在雅典西北郊外的克菲索河边开办了阿卡德米学园，即柏拉图学园，是欧洲第一所综合性学校。在这里，柏拉图不仅写出了他一生中主要的哲学著作，还教授了亚里士多德（Aristotle）等一批门徒。

西方国家书院制的发展和模式有其历史底蕴和特色。巴黎大学创建于1180年的迪克斯-惠特学院（Collègede Dit-Huit）可谓是最早的雏形。1489年，牛津大学教师和屋舍负责人共同拟定《寄宿生规约》，确定"委托管理制度"，标志着英式书院的正式确立。1933年，哈佛大学所有本科生住进书院。同年，耶鲁大学建成首批7所书院，这标志着美式书院的正式确立。发展至今，书院制在英国、美国、加拿大、澳大利亚、新加坡等国的著名高校均以一定形态普遍存在，在精英人才的培养方面发挥着举足轻重的作用。

溯源而上，我国书院发展历史悠久，最早始于唐朝之私学，后经五代发展，在北宋时期达于鼎盛。这些书院虽不能称为严格意义上的现代大学，但成为我国现代大学快速发展的文化基石和精神源流。名师宿儒在书院讲学、传道，既培养了人才，也推进了理论研究与传播。胡适先生更是认为，我国书院的程度，足可以比拟外国的大学研究院。

湖南在唐代就已建立了7所初期形态的书院，这些书院的创办促进了湖湘文化的传播和发展。岳麓书院被誉为四大书院之一，始建于北宋开宝九年（公元976年），迄今已逾千年，弦歌不绝，人才辈出。湖南师范大学前身系1938年创立的国立师范学院，从历史渊源而言，则可追溯到岳麓书院。1949年，国立师范学院并入湖南大学。1953年，全国高校院系调整，成立湖南师范学院，直至1959年均设址于岳麓书院。岳麓书院珍藏的部分古籍、善本，也在院系调整过程中转至湖南师范学院图书馆，可谓文脉传承，繁盛于斯。

右图
20世纪50年代全国院系调整后，湖南师范学院办学地设在岳麓书院。

为传承中国古代书院之精神,借鉴西方大学住宿制书院之长,彰显综合型师范大学办学优势特色,2021年5月,湖南师范大学集全校之力、聚全校之智,成立现代化住宿制书院——世承书院。"世承"二字,既为纪念学校首任校长、著名教育家、心理学家廖世承先生,亦有"学脉绵延,世代传承"之意。书院楼内建有学习研讨、公共交流、行政办公等功能区,周边既有木兰春晓、兰台夕照、岳亭烟雨和樟园晨曦等师大八景,也有天文馆、博物馆、地学博物馆等文化地标,能为师生营造自由交流的学术氛围,真正实现育人场所与温馨家园的融汇,促进学生兴趣延伸与自主发展。

2021年9月20日,学校隆重举行世承书院成立仪式暨新生开学典礼,迎来了汉语言文学、历史学、生物科学、哲学、物理学、英语、化学、数学与应用数学等8个专业的245名新生,组建成中国语言文学基地班、历史学基地班、生物科学基地班、哲学基地班、周光召班、锺书班、浩青班、天问班等8个班级。作为培养高素质拔尖创新人才的"改革特区",世承书院对标国家"拔尖计划2.0"要求,依托学校优势学科和高水平师资,通过"三制三化"(书院制、导师制、学分制,小班化、个性化、国际化)模式,致力于培养造就具有国际视野、引领未来世界发展的拔尖创新人才。2021年10月、2022年3月,《人民日报》《光明日报》等多家媒体两次对学校世承书院拔尖创新人才培养新模式进行了集中报道。

右图
2021年9月20日，湖南师范大学世承书院揭牌成立。成立仪式后，笔者和时任校长刘起军一同与校内专家在书院门前合影留念。

8. 大学的实践教育

实践教育是人才培养的重要方式，无论是古今，抑或中外，都高度重视通过实践活动达到培养人、教育人的目的。现代哲学中的"实践"（praxis）概念源自古希腊。亚里士多德在其《尼各马可伦理学》中对知识进行了区分，将其划分为纯粹科学（episetme）、实践智慧（phorenis）和技艺（techen）。他认为，只有通过实际经验和行动，个体才能真正理解事物的本质。这在一定程度上体现了"实践教育"思想的萌芽。在中国传统文化语境中，常以"知行观"来阐释认识与实践的关系。这一理念认为，知与行应相辅相成，坚持知行合一是中国古代哲学有关育人的重要思想。《论语》开篇即提到"学而时习之，不亦说乎"，强调学习应该与实践相结合；《中庸》则认为治学要历经"博学之、审问之、慎思之、明辨之、笃行之"五个阶段，其中"笃行"为最后落脚点；诗人陆游也在其诗作中写道，"纸上得来终觉浅，绝知此事要躬行"，强调了实践的重要性；朱熹则在《朱子语类》中指出"知之愈明，则行之愈笃；行之愈笃，则知之益明"，强调知行相辅相成的重要性；王阳明更是明确提出"知行合一"说，强调要知中有行、行中有知，并将其落实到实践中；徐霞客则通过身体力行生动诠释和践行了"读万卷书，行万里路"的实践理想。及至近现代，教育家陶行知提出了"生活即教育"的著名观点，提倡知行统一观，主张"教学做合一"，等等。这些都是中国传统文化中"知行观"的精髓，体现了"知"与"行"的辩证关系，以及实践的重要性，强调为学者、为人者要践履所学，并努力使自身所学能够有所落实，从而真正做到知行合一。

在社会主义大学办学视域下，实践育人是高等教育不可缺少的重要组成部分。实践的观念不仅是马克思主义认识论首要、基本的观点，也是马克思主义教育理念的核心。实践在人的思想道德进步，特别是全面发展的过程中，具有基础性、决定性的作用。毛泽东同志曾提出"高等学校应抓三个东西，一是党委领导；二是群众路线；三是把教育与生产劳动结合起来。"其中的第三点"教育与生产劳动结合"强调的就是高校要重视实践育人。进入新时代，党和国家高度重视实践育人，习近平总书记多次强调，"道不可坐论，德不能空谈"，要"于实处用力，从知行合一上下功夫"，我们培养德智体美劳全面发展的社会主义建设者和接班人，就**必须将广大学生投身到社会实践的"熔炉"中进行锤炼锻造**。

这些年，我和同事们在学校人才培养的进程中，始终遵循马克思主义实践观和大学生成长规律，坚定落实立德树人根本任务，以国家战略和区域经济社会发展对人才的需要为导向，围绕实践育人进行了一系列富有成效的探索，积累了一些积极经验。

一是培养实践意识。我们积极引导教师转变育人观念，突破传统上理论重于实践、知识传授胜于能力培养的观念束缚，持续完善以实验教学、专业（教育）实习、社会实践为主的实践教学体系，倡导学生积极参与社会实践、志愿服务等，并将其作为评先评优、保研推荐等的重要依据，鼓励师生勇于提出问题和假设，走出校园，深入田间地头、工厂企业、脱贫一线、改革前沿等地，通过实践获取知识、增长见识。目前，实践育人的理念在湖南师范大学的校园里日益深入人心。如外语学院这些年积极探索实践导向的课程建设，着力打造实践类课程矩阵，先后开设了"湖湘文化传承传播""湖湘文化术语英译与数据库建设""文学翻译实践"等一批社会实践课程。这些课程引导师生转换视角，以教育场景中的现实问题为出发点，通过"假设—行动—检验"的认知或实践过程，强化了第一、第二课堂的相互融合，有效推动了实践育人视域下产、教、学、研的联动。

二是强化实践效果。我们通过一系列有效措施提升实践育人效能。首先，我们将实践育人作为落实立德树人根本任务的重要抓手，精心设计实践育人方式、载体和途径，着力构建"党委统一领导、部门分工负责、学院主抓落实、全员协同参与"的实践育人协同体系。其次，我们在人才培养方案中提升了实践教学的比重，还实行量化社会实践考核，构建了重点专项实践与课余常态性实践结合的模式，不断探索分层化、链条化的育人机制，通过多样化项目的整体设计和精准衔接，全面提升实践育人的覆盖面和有效性。第三，我们致力于将师生的专业特长转化为专业实践服务，打造了一系列颇具特色的实践育人品牌。例如，学校精心打造的《"区校共建"实践育人共同体的构建》项目荣获"教育部高校思想政治工作精品项目"；外语学院实践团队向10余个国家的学者和留学生讲述雷锋故事，完成了20万余字的雷锋故事、纪念馆讲解词的多语种翻译等，获评第十四届"中国青年志愿者优秀组织奖"，该项目还荣获湖南省"雷锋杯"青年志愿服务项目大赛金奖，等等，这些都是我校近年来着力推进实践育人的鲜活实践。

三是深化实践创新。创新是提升实践育人实效的关键所在。学校一直坚持创新驱动，不断改革实践育人模式，着力提高人才培养质量。**在体制机制上，**我们围绕实践育人工作机制上的重点、难点、堵点、痛点，坚持优化实践教学体系，实化实践教学管理，积极探索构建校内校外贯通、网上网下覆盖、课里课外衔接的实践育人协同新格局，着力助推实践育人科学化、精准化、规范化发展。**在教学设计上，**我们积极探索以创设实践情境教学为途径，通过让专业知识与学生实际生活紧密相连，并促进专业知识与学生情感、思维进行互动，从而达到提升学生专业实践能力的目的。如外语学院探索了以"专业+项目"方式，引导学生深度参与中非经贸博览会、博鳌亚洲论坛、湖南首届旅发大会等大型活动，通过真实场景的专业翻译服务实践来砥砺专业技能，取得了显著的育人实效。**在平台载体上**，学校积极采用"实践+服务""实践+科研""实践+竞赛"模式，着力打造集课堂学习、走访观摩、课题转化、项目实践、实训竞赛、创业孵化为一体的全流程服务平台来助推实践育人。以"区校共建"项目为例，学校已建成标准化实践基地29个，开展了近200个品牌实践项目，通过这些平台，年均举办共建服务活动1000余次，吸引3000余名志愿者参与，受益人数累计达到10余万人次。

右图
湖南师范大学郑燕虹教授带领"文学翻译实践""湖湘文化传承传播"教学团队在"潇湘八景"之一的"山市晴岚"所在地——湖南省湘潭市昭山开展实践教学。

9. 大学图书馆的意义

美国作家海明威(Ernest Miller Hemingway)在其小说《一个干净明亮的地方》中曾写道:"一个干净、安宁、有明亮灯光的地方可以带来温暖与安全感,让人暂时逃离尘世的烦恼。"对于身处高校的师生来说,图书馆无疑是读书之人内心深处最为干净、明亮的精神港湾。图书馆在高等教育体系中始终扮演着重要角色,演绎着人类文明与智慧的传承故事,激荡着求学者的视野和胸怀。

在我的心目中,现代大学一定要建设"美丽温馨、内涵丰富"的图书馆。首先,大学图书馆应是一所大学的思想宝库。德国哲学家莱布尼茨(Gottfried Wilhelm Leibniz)曾说,图书馆可称为人类的"百科全书","一切科学的宝库",甚至可说是"人类灵魂的宝库"。大学图书馆应努力汇聚人类历史的思想精华,让师生们可以在这里与历史上任何一个伟大的思想家进行灵魂的沟通,得到思想的启迪。其次,大学图书馆应是一所大学的文化地标。我去过国内外许多高校,图书馆往往处于大学最为核心的位置,是最为雄伟、最具特色的建筑。大学图书馆因其植根于大学文化的深厚沃土,更应有丰富的内涵和独特的气质,应该成为学校的信息集散地、知识交流中心、文化育人平台和师生的精神家园,成为大学深厚学术和文化积淀的重要标志、凝聚大学精神的智慧摇篮。其三,大学图书馆应是一所大学的育人高地。一所好的大学图书馆,应该在学生成长成才中发挥三个基础性作用：一是铸就学识基础，湖南师范大学的图书馆拥有近420万册馆藏资源及二十余万册珍贵古籍，订购各类文献数据库百余个，是当之无愧的知识殿堂，学生可以在这里汲取新知、启迪智慧，为漫长人生铸就扎实的学识基础；二是奠定科研基石，图书馆可以通过相关的培训及课程，帮助学生掌握查阅资料的科学方法、了解学术研究的基本规范，为学术生涯奠定稳固基石；三是培育人才基地，图书馆是学校文化育人和服务育人的重要平台，丰富的社团及文化活动为学生成长成才提供广阔的实践基地。

在西方，图书馆一定是大学的地标性建筑。我在海外讲学与访学时，大部分时光都泡在他们的图书馆中，其馆藏之丰富、展览之多样、技术之先进、服务之真诚，让我十分难忘。这也成为我感受一所大学治学氛围、了解一所大学独特文化的重要途径。在这些图书馆中，美国加州大学圣迭戈分校的Geisel图书馆给我的印象最深。这座图书馆造型梦幻，盘旋的玻璃围墙一层一层往上叠加，像一座知识通天塔，置身其中如入天空之境，似乎可以通向未来世界。很难想象，这是20世纪70年代的作品。这所图书馆不仅是建筑设计风向标，还在多部科幻电影中出镜，已成为加州圣迭戈大学一张最靓丽的名片，体现了该校锐意进取的风格。在英国，我去过牛津大学图书馆，城堡式的建筑风格与城市融为一体，《哈利·波特》系列电影曾在这里取景。牛津大学图书馆馆藏的数量和质量在全球高校都堪称一流，其中文藏书就有十余万册。特别值得一提的是，还有专人用中国古法修复中文古籍。芝加哥大学倡导通识教育，曾担任校长的教育家赫钦斯推出了"伟大著作"计划（Great Books），要求学生大量阅读经典，并建设了一座专藏经典著作的图书馆。走进馆内，古香古色的藏书布局与典雅浓郁的书香氛围让人流连忘返。我国香港的高校图书馆有不少中西结合的典范，最美的莫过于香港科技大学图书馆，她依山傍水，自图书馆内放眼望去是无边无际的大海，环境之优雅，馆藏之丰富，让人一走进去便觉得心旷神怡，就像在知识的海洋里畅游。她窗明几净的阅览室不仅满足师生的学习需求，还给师生以精神和文化上的享受。

在服务方面，我所体验过的这些高校图书馆，开放时间长，都设有咖啡馆、单人学习小教室、研讨室等非常人性化的空间和服务。加州大学圣迭戈分校Geisel图书馆，无论是学生还是访问学者，借书都不限量，而且会帮读者打包好。加州大学河滨分校的图书馆，该馆工作人员戴着手套把找到的古籍逐一翻给我看，这种真诚的态度

左图
图为湖南师范大学图书馆外景

令人肃然起敬,让我深感不好好做学问都对不起他们的热情服务。

凡此种种,让我深知图书馆不仅是传经布道的阵地,更是体现大学人文关怀的港湾。我希望我校的图书馆能真正成为广大师生心中最干净、最明亮的地方,成为广大校友回忆中最温暖的地方。我校的图书馆还有很多方面需要改变:

一是要做好传承保护。我校图书馆源自1938年建立的国立师范学院图书馆,其历史可以追溯到千年学府岳麓书院的藏经阁。博大精深的古代典籍,是传承中华传统文化的重要载体,也是滋养民族精神气质的重要源泉。从这个意义上看,我校图书馆无疑是中国传统文化尤其是湖湘文化的思想宝库之一。在古籍保护方面,我们不仅要藏,更要用,要发挥师大以人文社科为特色的学科特长,在数字人文的浪潮中,让古籍在教学科研、文

右图
扩建后的湖南师范大学逸夫图书馆于2017年落成,建筑总面积增加了11000平方米。目前,全校图书馆馆舍总面积达到5.6万平方米,阅览座位近6000席。图为整洁明亮的图书馆自习区。

化传承、国际交流等方面,特别是在弘扬中华优秀传统文化、以文化人的工作中发挥新的作用。

二是要做好建筑设计。图书馆的建筑风格应该既能彰显学校的文化底蕴和办学特色,又能满足师生对温馨、舒适、便利的学习环境的需求。以我校图书馆为例,改扩建后的逸夫图书馆外观设计像一本翻开的书,气势恢宏,引人注目。在图书馆内部,设有古籍馆和博物馆,两者相互呼应,融为一体。古籍馆收藏自岳麓书院建院以来的大量古籍,博物馆收藏了大批校友捐赠的文物,其中有国家一级文物25件、二级文物84件。图书馆周边,天文馆、地学博物馆、动植物标本馆等场馆与之交相辉映,形成了独具特色的文博矩阵,共同构成了岳麓山下一道美丽的风景。

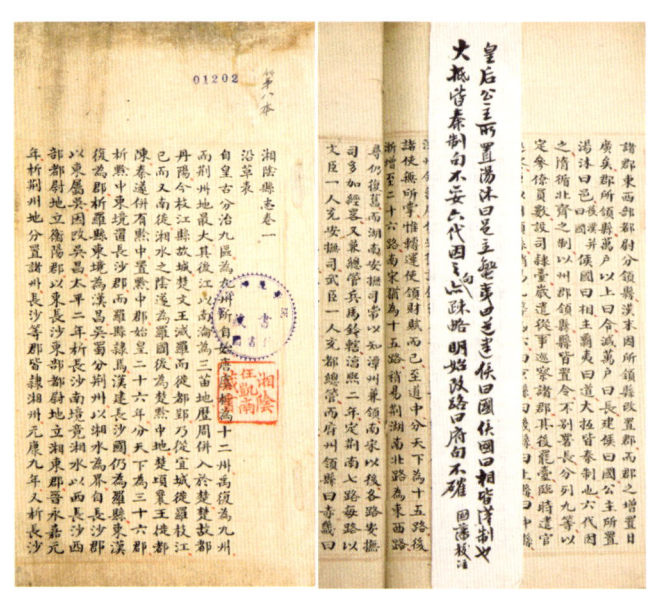

左图
《湘阴县志》,清郭嵩焘稿本,清曾国藩批校,湖南师范大学图书馆藏

右图
《左文襄公手札》中《与陈少保书》，1908年影印本，湖南师范大学图书馆藏

三是要做好借阅服务。图书馆要坚持以人为本，凸显图书馆作为知识殿堂的人文氛围与人性化服务。如何体现图书馆服务育人的水平，给予学生更好的服务、更多的人文关怀，是我校图书馆需要思考的问题。在这方面，图书馆已经做出了一些很好的探索，比如，做到了洗手热水、擦手纸、烘手机、洗手液、卫生纸的全面覆盖，极大方便了读者。图书馆还要向国外高校图书馆馆员学习，提供更加人性化的服务。国外高校图书馆馆员不仅服务态度好，且知识面非常宽，读者咨询的很多问题都能对答如流，对有些专业性问题的研究甚至不亚于某一方面的专家。我们要继续从细微之处做文章，更多地倾听师生诉求，更多地推出贴心服务，不断提升师生的归属感、幸福感，让图书馆成为师生的第二个家。

四是要做好交流合作。图书馆应大力探索社会资源合作模式，构建立体网络式馆际合作联盟，共同开展优秀传统文化的传承工作。比如，与公共图书馆、档案馆、博物馆、纪念馆等机构合作，实现优秀传统文化资源的优化配置与共建共享，提高文化传承创新的实效。

大学图书馆是人文荟萃之高地，激发师生创新之源泉。建好大学图书馆不能流于表面，要做到内外兼修，其建筑应独具风格，有引人向往之魅力；其馆藏应如海纳百川，广集文理之精气；其服务应精细周到，让师生如沐春风。唯其如此，师生才能发自内心热爱她、拥抱她，心向往之、身必行之。

左图
精心设计和修建的湖南师范大学图书馆报告厅已成为学校高水平学术会议的主要举办场所。

为全方位展示湖南师范大学入选《国家珍贵古籍名录》的善本古籍，我校出版社于2017年出版了《湖南师范大学国家珍贵古籍名录图录》一书。该书精选了59部善本古籍书影，附以介绍，按经、史、子、集分类，以图录和汉英对照的方式编排。笔者受邀为该书撰写了序言。

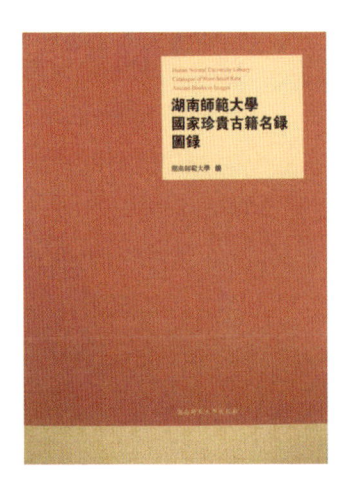

《湖南师范大学国家珍贵古籍名录图录》序

余尝思儒家有三不朽之说，以为立功、立言、立德，其中立德境尤高。书籍所记，则皆为立言之具，刊刻、流播，固皆为立功之事，然其所记功勋伟绩、嘉言懿行、德行风范，焕然书史，垂范方来者，则无乃立德之事。古人精神志节、学问操守，往往俱在。职是之故，历朝历代，出版家、藏书家，不惜时间、精力、金钱，乃至性命，刊刻之、流传之、贮藏之。

湖南处内陆，古即有二酉山藏书之传说，与史记石室兰台相辉映。至宋以后，文教蔚起，出版弥盛，所存世最古远者，为宋末元初茶陵陈仁子东山书院刻本，著名者有《梦溪笔谈》《文选补遗》《尹文子》等。三湘之地，书院林立，藏书甚夥。延至晚近，公元一九五三年，全国高校院系调整，原湖南大学文科遭裁撤，古籍藏书随学科悉数划归我校。此后，本校既负守护藏书之职责，更担承继湖湘学术育化之重任。睹物追远，饮水思源，吾校藏书既得岳麓书院遗脉湖大之公藏，兼得谭延闿、任凯南、陈浴新、杨树达等诸多湘籍名流学者私藏捐献，及故校长林增平、尹长民之慨捐所藏，使得吾校藏书古今中外体系完备。今国务院确立我校为全国古籍重点保护单位，足见其在全国之地位与影响。湖湘之菁华，八闽之珍稀，全国之善籍，书藏之丰，今已雄冠三湘高校之首。

文献乃知识之渊泉，文化之精粹，大学之根本。湖南师大自国师肇始，历来将文献收藏利用服务师生为职志。20世纪三四十年代，国难方殷之时，蓝田小镇之地，诸多学者名流，凝聚于此，志士仁人，志节弥笃。关心国是，商量旧学，探究新知，传道授业，教育报国。倾心育人，艰卓述作，成果丰硕。书藏之用，岂可匙哉？征之当今承平盛世，思想解放，全校师生，当更仁爱精勤，戮力同心，以复兴民族文化为己任，勉旃！

"人生处万类，知识最为贤"，乃韩愈《谢自然诗》之佳句，读书人之心曲，委婉道尽。欧阳修尝云"立身以立学为先，立学以读书为本"，实即勉励后人，读书修业；西贤莎士比亚则曰"书籍若不常翻阅，则等于木片"，则似正告藏书者，妥加利用。无论读书者抑或典藏者，皆当以书籍为纽带，守卫之、寻研之、创造之。

今《湖南师范大学国家珍贵古籍名录图录》一书付梓刊行，图书馆同仁问序于余，翻阅数四，感慨系之。收入此书之古籍，历史文物性、学术资料性及艺术代表性并具，楮墨精严，朱墨灿然，乃馆藏二十余万册古籍之精骑、白眉。此本图录，亦为我校图书馆同仁多年甄别、考证、鉴定之成果，必将有利于古籍整理利用、流播传承。是书出版，余得赋此引喤，得以略抒感慨云尔，亦与有荣焉。

是为序。

2021年，值教育部高等学校图书情报工作指导委员会成立40周年之际，时任我校图书馆馆长的夏赞才教授（下图右侧）与笔者进行了一次题为"大学图书馆是师生共同的精神家园"的访谈。

右图
笔者接受夏赞才教授（右一）访谈现场

夏赞才：蒋书记，您好！很荣幸能够采访您。在图书馆业内有一句广为流传的名言，那就是阿根廷国家图书馆前馆长、著名作家博尔赫斯（Jorge Luis Borges）曾经说过的，"如果有天堂，那一定就是图书馆的模样"。这句名言既表达了社会大众对图书馆的美好幻想，也成为图书馆建设不懈努力的目标。那在您的心目中，理想的大学图书馆应该是什么模样？

蒋洪新：正如博尔赫斯所说，图书馆无疑是读书之人的天堂。我任湖南师范大学校长的时候，就对学校图书馆提出了建设"美丽温馨、内涵丰富的图书馆"的整体目标。在我的心目中，一所好的大学图书馆应该秀外慧中，既有外在颜值，又有丰富内涵。首先，大学图书馆应是一所大学的思想宝库。德国哲学家莱布尼茨曾说，图书馆可称为人类的"百科全书"，"一切科学的宝库"，甚至可说是"人类灵魂的宝库"。大学图书馆应努力汇聚人类历史的思想精华，让师生们可以在这里与历史上任何一个伟大的思想家进行灵魂的沟通，得到思想的启迪。其次，大学图书馆应是一所大学的文化地标。我去过国内外许多高校，图书馆往往处于大学最为核心的位置，是最为雄伟、最具特色的建筑。大学图书馆因其植根于大学文化的深厚沃土，更应有丰富的内涵和独特的气质，应该成为学校的信息集散地、知识交流中心、文化育人平台和师生的精神家园，成为大学深厚学术和文化积淀的重要标志、凝聚大学精神的智慧摇篮。其三，大学图书馆应是一所大学的育人高地。一所好的大学图书馆，应该在学生成长成才中发挥三个基础性作用：一是铸就学识基础，我校图书馆拥有近420万册馆藏资源及二十余万册珍贵古籍,订购各类文献数据库百余个,是当之无愧的知识殿堂,学生可以在这里汲取新知、启迪智慧,为漫长人生铸就扎实的学识基础;二是奠定科研基石,图书馆可以通过相关的培训及课程,帮助学生掌握查阅资料的科学方法、了解学术研究的基本规范,为学术生涯奠定稳固基石;三是培育人才基地,图书馆是学校文化育人和服务育人的重要平台,丰富的社团及文化活动为学生成长成才提供广阔的实践基地。

夏赞才:您提到大学图书馆应发挥育人功能,我校图书馆古籍馆藏丰富,是国务院授予的"全国古籍重点保护单位",目前藏有宋元珍本、明清稿本、善本及孤本等古籍22余万册,其中59部古籍入选《国家珍贵古籍名录》。这些古籍是中华文明的瑰宝,您认为该如何发挥其在培育优秀传统文化中的作用?

蒋洪新:习近平总书记在给国家图书馆8位老专家回信中指出:"图书馆是国家文化发展水平的重要标志,是滋养民族心灵、培育文化自信的重要场所。"培育认同中华优秀传统文化的社会主义事业建设者和接班人,是大学图书馆责无旁贷的光荣使命。有效发挥图书馆古籍的育人功能,是我校图书馆工作的应有之义。

我校图书馆源自1938年建立的国立师范学院图书馆,其历史可以追溯到千年学府岳麓书院的藏经阁。博大精深的古代典籍,是传承中华传统文化的重要载体,也是滋养民族精神气质的重要源泉。从这个意义上看,我校图书馆无疑是中国传统文化尤其是湖湘文化的思想宝库之一。

在古籍保护方面，我们不仅要藏，更要用。要发挥师大以人文社科为特色的学科特长，在数字人文的浪潮中，让古籍在教学科研、文化传承、国际交流等方面，特别是在弘扬中华优秀传统文化、以文化人的工作中发挥新的作用。

要加强馆藏优秀传统文化资源建设。顺应信息时代阅读方式新变化，深入推进专题资源库建设，多渠道引导学生阅览，积极推进古籍数字化进程，整理和展示馆藏资源中的古籍、善本，充分挖掘古籍典藏的历史价值和文化价值，为师生学习和弘扬优秀传统文化提供文献支撑。

要创新传统文化培育、宣传方式。图书馆应根据新时代青年学生特征，结合中华传统文化、湖湘文化和学校文化特色，制定主题鲜明而又符合读者群体需求的宣传方案，运用新媒体技术打造传统文化的宣传阵地，努力营造浓厚的中华传统文化氛围，让读者在潜移默化中接受熏陶。

要加强多元化交流合作。图书馆应大力探索社会资源合作模式，构建立体网络式馆际合作联盟，共同开展优秀传统文化的传承工作。比如，与公共图书馆、档案馆、博物馆、纪念馆等机构合作，实现优秀传统文化资源的优化配置与共建共享，提高文化传承创新的实效。

夏赞才：您在多个场合，包括一些讲座中都提到经典阅读对于大学生的重要作用，甚至提到"所有的大学都起源于阅读经典",您可否谈一下经典阅读对于大学和大学生的意义。

蒋洪新：大学是怎样诞生的呢？大学这个词源于拉丁文"universitas"，是指教师与学生自发的联合体，这个联合体自发从四面八方聚集在一起谈经论道，催生欧洲中世纪大学，意大利的波罗尼亚大学、法国的巴黎大学、英国的牛津大学莫不如此。英国教育学家约翰·纽曼曾说："我对大学的看法如下：它是一个传授普遍知识的地方。"

从中我们得知：纽曼心目中的大学不只是科研之地和宗教训练的场所，还是教学与培养人才的机构，是传承文化和科学探新的殿堂。从知识传播与文化传承的意义上讲，大学的诞生正是源自经典阅读，近现代许多有识之士在建设大学时，都强调要通过经典阅读来提高大学生的综合素质，开阔他们的眼界，从而进一步提高公众智慧。正如纽曼所言，"大学教育的主旨是集智慧、勇敢、宽容、修养于一体的自由教育"。大学的目的不只在于发展人的理智，其真正使命在于"培养良好的社会公民"并随之带来社会的和谐发展。

美国芝加哥大学原校长赫钦斯秉承纽曼的自由教育思想，对当时盛行美国的实用主义提出批评，强调学生的心智训练，引进名著学习与阅读。他认为，现代大学只有发展通识教育或共同教育才符合大学之道，借此来沟通不同系科、不同专业的人，从而建立大学所有师生的共同文化语言。通识教育的内容必须是属于"永恒学习"的范畴，不仅是现代人在现代社会的特殊问题，也是人类之为人类永远需要探讨的永恒内容和永恒问题，其精华首先体现在西方文明自古以来的历代经典著作中。因此，美国现代大学通识教育的基本内容就是要让大学生在进入专业研究以前，不分系科、专业，首先研究"西方经典"或所谓"伟大著作"。迄今为止，美国大学均有给学生开列经典阅读书单，如芝加哥大学、哈佛大学、哥伦比亚大学等。

经典阅读对于提升大学生文化自信、培养海纳百川的品质有着巨大的促进作用。阅读经典在我国同样有着悠久的历史，我国现代著名国学大师吴宓先生担任清华大学外文系主任时提出了办外文系的几项原则："培养博雅之士；了解西洋文明之精神；熟读西方文学之名著，谙悉西方思想之潮流，因而在国内教授英、德、法各国语言文学，足以胜任愉快；创造今世之中国文学；汇通东西之精神思想，而互为介绍传布。"他本人也为学生亲拟书单，他认为学生要成为德才兼备之人必读一些好书。

我在多个场合多次倡导我校大学生至少要读30本经典，其中，中华文化经典和西方文化经典各15本。我建议图书馆组织专家学者为学生们拟一个经典阅读名单，让大学生从入学开始就在经典著作的引领下，开启探索生命意义之路。

夏赞才：何为经典，很多人都有不同的看法。可否针对"怎样来选取阅读书目？""精选什么书目对促进同学们的全面发展有益？"这些大家比较关心的问题，为我们的大学生提一些宝贵的建议。

蒋洪新："经典"一词，较早见于《汉书》。《汉书·孙宝传》有言："宝曰：'周公上圣，召公大贤，尚犹有不相说，著于经典，两不相损。今风雨未时，百姓不足，每有一事，群臣同声，得无非其美者'。"文中所述的"经典"，就是指先秦的儒家经典著作《尚书》。"经典"对应的英文为"classic"或"canon"，意为古典、标准，用以衡量"一流的艺术"和"当时视为典范的文化作品"。

何为经典，这是当代大学生开展经典阅读必须厘清的一个基本问题。经典就是那些经过时间的沉淀与洗礼，依然保持其特有的优越性的作品。孔子、柏拉图、莎士比亚、马克思、但丁、爱因斯坦等古今中外的圣贤和名人为我们留下了一流的经典作品，成为历史长河中足以流芳百世的瑰宝，成为人类社会前行和发展的科学力量和思想源泉。

简而言之，我们可以从三个方面来甄别"经典"：一是从经典的作者来看，应为古今圣贤和杰出学者；二是从经典的传承来看，应具有文化传承的持续优异性；三是从经典的内容来看，应具有一定的权威性和典范性。一本书若三者兼备，必定是好书，三者居其一二，也非常值得一读。

当前国家非常重视学习型社会建设，习近平总书记强调，"学习是文明传承之途、人生成长之梯、政党巩固之基、国家兴盛之要"。大学生是国家未来的希望、中国特色社会主义事业未来的建设者和接班人，要充分利用大学宝贵的学习时间，依托大学图书馆丰富的资源，广泛涉猎经典，在读经典、悟经典、用经典的过程中感悟生命的真谛,丰富生命的色彩,升华生命的意义。

夏赞才:感谢您在百忙之中接受我们的采访。我们将主动对接读者需求,努力提升服务品质,不断丰富文化内涵,将图书馆建设成为师大学子的精神家园和知识殿堂,让图书馆成为师生的第二个家。

——刊载于教育部高等学校图书情报工作指导委员会网站,2021年11月

10. 经典阅读

中国文化中,"经""典"最初是分别使用的,"经"的古字为"巠",表示织物上的纵线,意为"道路、路径";"典"在《说文解字》中被称为"五帝之书也。从册在丌上,尊阁之也。庄都说,典,大册也"。"经""典"合用可追溯到《史通·叙事》的记载:"自圣贤述作,是曰经典。"圣贤之著作具有述道的功能和教范的意义,是谓"经典"。西方文化中,"经典"有两个词源,"Classic"和"Canon"。"Classic"最早有"船队"的意思,后来延伸扩展为"顺序"之意;"Canon"有"律典、教条、道统"之意。简言之,在东西方文化中,"经典"都代表着公众普遍认可的具有规范性、典范性、启发性、教益性的著作。

经典与时间相契合,关乎思想的永恒流转和文化的有序传承。日本教育家斋藤孝在《深阅读》一书中说,经典像深藏在地下的清泉,经过地壳的层层过滤,要比地表水清澈、甘甜不知多少倍。在我看来,经典就是那些经过时间的沉淀与洗礼,依然保持其特有的优越性的作品。从作者来看,经典应为古今圣贤和杰出学者;从传承来看,经典应具有文化传承的持续优异性;从内容来看,经典应具有一定的权威性和典范性。若能三者兼备,必是经典。

经典阅读是大学的应有之义。从发源于"教士的村庄",再经历"知识人的城镇",到如今"多元化巨型知识都市",大学通过教与学的活动,通过经典阅读的形式,创造和传承人类文化,塑造教师与学生的思想和灵魂。古希腊时期,柏拉图创办"阿卡德米学院"时,《理想国》《苏格拉底的申辩》《巴门尼德》《智者》等对话体著作就是学生的必读书目。中世纪时期,巴黎大学的文科学生需要阅读亚里士多德的《物理学》《伦理学》《辩证法》,法学学生要阅读《罗马教会法》,神学的学生需要阅读《圣经》《信念四讲》和阿奎那的《神学大全》,医学的学生则要读希波克拉底的《箴言》、盖伦的《医术》、阿巴斯的《医学大全》、阿维森纳的《医典》等。19世纪之初,"现代大学之母"柏林大学成立初期,康德的《学科之争》《纯粹理性批判》《实践理性批判》《判断力批判》《未来形而上学导论》《道德形而上学基础》,以及费希特的《自然法学基础》《全部知识学的基础》《伦理学体系》《论人的使命》等,都是学生的必读著作。在美国,被誉为"最伟大的校长"的查尔斯·威廉·艾略特(Charles

William Eliot）执掌哈佛期间，组织出版了51卷本《哈佛经典》，其中包括古希腊荷马史诗《奥德赛》，柏拉图的《道歉、斐多篇和克里斯托篇》《九部希腊剧》，亚当斯密的《国富论》，达尔文的《物种起源》，莎士比亚的戏剧《哈姆雷特》《李尔王》，奥古斯丁的《傲慢与偏见》，狄更斯的《大卫·科波菲尔》，以及《一千零一夜》《基督教：路加福音及其行为》《佛教文论》《印度教》《默罕默德：可兰经篇》等经典图书，《孔子文集》也名列其中。这些作品在哈佛大学实行完全学分制课程教学模式下，供学生自由选择地进行阅读。

今天我们更加呼唤经典阅读。一方面，通过经典阅读可以塑造民族的性格和心灵。习近平总书记指出，"国家之魂，文以化之，文以铸之"。经典是"化""铸"国家、民族灵魂的重要载体，也是"链接"美好生活的重要桥梁。大学阶段是人生的"拔节孕穗期"，举精神之旗、立精神支柱、建精神家园，都需要经典阅读作"底子"。有经典为伴，心胸会豁然开朗，而在人生的关键时刻，能够使我们顶得住风浪、经得起挫折、沉下心来，立大志、经大事，往往都来源于经典的陶冶与锤炼。哈佛大学前校长福斯特也说，阅读经典和当代的优秀作品，滋养着人们与陌生人顺畅交流的"移情能力"，它帮助人们穿越时空去感受异国他乡、彼时彼地的生活，与情境中的主人公分享"共同的人性"。在阅读和探究中，学生拥有了达至"最深邃理解的无休止思维"，实现了"事实知识"与"价值知识"并驾齐驱，实现了"既发展知识又培养品格，既发展智力又探究真理"的双重目标。

另一方面，经典阅读是关照自我的重要方式。进入信息化时代，手机网络技术让人欢呼雀跃，但接踵而至的却是横亘在阅读的理想与现实之间的"鸿沟"不断增大。诚如托马斯·弗里德曼在《世界是平的：一部二十一世纪简史》这部21世纪畅销书中指出的那样："这个平坦的世界是个人电脑、光缆、工作流程软件的综合产物……电子化在沟通方式、地域、时间上的突破也引发了心理底线的突破、真理的颠覆甚至价值的归零。"我们倡导完整的、有深度的经典阅读，是要从实用主义、功利主义的陷阱中解脱出来，从"快餐式""碎片化"的阅读习惯和方式中解脱出来，致敬经典，悦读经典，与经典中最深刻最浪漫的灵魂对话，在时空交汇交融中认识自己，充盈生命。

胡适和梁启超开列推荐书目，开启了近现代中国大学生经典推荐书目的序幕。1923年，清华学校一批留学生将要赴美留学，因为"很想在短时期中得着国故学的常识"，便分别请梁启超、胡适拟定国学书目。梁启超用三日之力，开列了《国学入门书要目及其读法》，约160种；后又精简书目，开列出《最低限度之必读书目》（28种）。

《论语》《大学》《中庸》《孟子》《尚书》《礼记》《老子》《易经》《诗经》《庄子》《韩非子》《史记》《后汉书》《荀子》《战国策》《左传》《墨子》《汉书》《三国志》《资治通鉴》《宋元明史纪事本末》《楚辞》《李太白全集》《韩昌黎集》《白香山集》《文选》《杜工部集》《柳河东集》

胡适也开出了一个200本书的书单,将书目分为3类:工具书、思想史和文学史。清华大学给他回信说,这书单太多了,8年之内都不可能读完,于是请他对这个书单瘦身。胡适只好在原先的书单里挑了39本出来。

《书目答问》《法华经》《左传》《中国人名大辞典》《阿弥陀经》《文选》《坛经》《乐府诗集》《中国哲学史大纲》《宋元学案》《全唐诗》《老子》《明儒学案》《宋诗钞》《四书》《王临川集》《宋六十家词》《墨子间诂》《朱子年谱》《元曲选一百种》《荀子集注》《王文成公全书》《宋元戏曲史》《韩非子》《清代学术概论》《缀白裘》《淮南鸿烈集解》《章实斋年谱》《水浒传》《周礼》《崔东壁遗书》《西游记》《论衡》《新学伪经考》《儒林外史》《佛遗教经》《诗集传》《红楼梦》《九种纪事本末》(铅印本)

以上两份"国学书目"对今天的大学生来讲虽未必完全合宜,但仍有重要的参考价值。作为中国当代大学生,必须对自己国家固有的学术文化思想有一定的了解,要有"最低限度"的学术文化知识。而且,上述所列许多著作已重新出版,并且经过整理、标点,有的还加了导读、注释,现在阅读些这些国学书籍,可谓方便多了。20世纪30年代,吴宓先生在担任清华大学外文系主任期间,提出以"培养博雅之士"为目标的教学模式,并在《文学与人生》课程里开出了共152本书的书单,其中中文书籍77本,外文书籍75本(主要是英文著作,也有法文著作和其他语种作品的英文译著)。该书目第一次较为系统地列出了英文书目,对当时的人才培养起到了积极作用,周辅成、李赋宁、钱锺书等先生都曾深受该课程的思想启迪。

　　近些年来，国内许多著名高校都重视经典阅读，纷纷给学生开列经典书目。1997年，清华大学推出一本《清华大学学生应读书目（人文部分）》，2017年又出版了《清华大学荐读书目》，包括中国文化名著、中国文学名著、世界文化名著和世界文学名著各30种，共计120种名著，其中还有优先推荐的30种书目。1998年，北京大学百年校庆之际，联合校内外50多位著名教授，向北大学生推荐了应读书目30种、选读书目30种。2021年，北京大学再邀百余名教授为学生列出影响自己人生的书单，《影响人生的书单：来自百位北大教授的推荐》一经出版，广受欢迎。2014年，南京大学启动"悦读经典"活动，遴选60本经典名著，组织学校的教授撰写导读文本。2018年，武汉大学开设《人文社科经典导引》和《自然科学经典导引》基础通识课，等等。

　　这些年来，在教学和讲座的场合，经常有学生请我推荐一些书目，我也列出过一些书单。2013年10月，根据教育部要求商讨制定《外国语言文学类专业教学质量国家标准》，英语专业教学指导分委员会决定在《国标》制定的基础上起草一份教学指南，将《英语专业本科生阅读书目》作为指南的一个重要组成部分。作为英语专业教学指导分委员主任，我领衔国内外数十位专家深入研究，经过多年的调研、商讨和反复修改，编制了《英语专业本科生阅读书目》。这份阅读书目共计65本，大致分为文学语言类、历史哲学类、政治经济类、科学技术类和教育心理类五大板块，按难易程度划分为进阶（预备）阅读书目（15本）、必读书目（20本）、推荐阅读书目（30本）三个层次。这份阅读书目的首要任务是提升英语语言能力，入选作品语言优美、情感真挚、思想深刻，可为英语专业学生提供英语模仿范本；同时兼顾人文学科的内涵要求，以达成全人教育之目标。

进阶（预备）阅读书目（15本）：

1. *The Autobiography* Benjamin Franklin
2. *Tales from Shakespeare* Charles Lamb
3. *Alice's Adventures in Wonderland* Lewis Carroll
4. *The Time Machine* H. G. Wells
5. *Collected Short Stories* W. Somerset Maugham
6. *The Call of the Wild* Jack London
7. *The Turn of the Screw* Henry James
8. *The Sketch Book* Washington Irving
9. *The Story of English* Robert McCrum
10. *Of Mice and Men* John Steinbeck
11. *The Story of the Stone* Cao Xueqin, tr. by David Hawkes & John Minford
12. *The Analects* Confucius, tr. by Arthur Waley
13. *Chuang Tzu: Basic Writings* Chuang Tzu, tr. by Burton Watson
14. *A History of the English Language* Albert C. Baugh & Thomas Cable
15. *A Short History of Chinese Philosophy* Feng Youlan

必读书目（20本）：

1. *Selected Essays* Francis Bacon
2. *Selected Poems* William Wordsworth
3. *The Merchant of Venice* William Shakespeare
4. *Selected Stories* Katherine Mansfield
5. *Selected Writings of Ralph Waldo Emerson* Ralph Waldo Emerson
6. *The Story of Philosophy* Will Durant
7. *A Tale of Two Cities* Charles Dickens
8. *Jane Eyre* Charlotte Brontë
9. *The Adventures of Huckleberry Finn* Mark Twain
10. *Pride and Prejudice* Jane Austen
11. *The Scarlet Letter* Nathaniel Hawthorne
12. *Robinson Crusoe* Daniel Defoe
13. *A Passage to India* E. M. Foster
14. *The Old Man and the Sea* Ernest Hemingway
15. *The Great Gatsby* F. Scott Fitzgerald
16. *Dubliners* James Joyce
17. *Heart of Darkness* Joseph Conrad
18. *Lord of the Flies* William Golding
19. *Sister Carrie* Theodore Dreiser
20. *Tess of the D'Urbervilles* Thomas Hardy

推荐阅读书目（30本）：

1. *Animal Farm* George Orwell
2. *Death of a Salesman* Arthur Miller

3. *The French Lieutenant's Woman* John Robert Fowles
4. *Beloved* Toni Morrison
5. *Possession* A. S. Byatt
6. *Gulliver's Travels* Jonathan Swift
7. *Frankenstein* Mary Shelley
8. *Vanity Fair* William Makepeace Thackeray
9. *Sesame and Lilies* John Ruskin
10. *The Complete Sherlock Holmes* Arthur Conan Doyle
11. *The Strange Case of Dr. Jekyll and Mr. Hyde* Robert Louis Stevenson
12. *Mrs Dalloway* Adeline Virginia Woolf
13. *Sons and Lovers* D. H. Lawrence
14. *In a Free State* Vidiadhar Surajprasad Naipaul
15. *Winesburg, Ohio* Sherwood Anderson
16. *Native Son* Richard Wright
17. *The Joy Luck Club* Amy Tan
18. *Runaway* Alice Munro
19. *Why Evolution is True* Jerry A. Coyne
20. *The Story of Mankind* Hendrik Willem Van Loon
21. *Silent Spring* Rachel Carson
22. *Life on the Mississippi* Mark Twain
23. *The Story of Britain: From the Romans to the Present* Rebecca Fraser
24. *Culture and Anarchy* Matthew Arnold

25. *The Spirit of the Chinese People* Hung-Ming Ku
26. *The Death of the Heart* Elizabeth Bowen
27. *The Seven Sisters* Lucinda Riley
28. *Madame Bovary* Gustav Flaubert, tr. by Eleanor Marx Aveling
29. *A Winter in the Hills* John B. Wain
30. *The Idea of a University* John Henry Newman

经典的确立，总是与教育紧密联系在一起的。经典阅读对于提升大学生文化自信、培养海纳百川的品质有着巨大的促进作用。芝加哥大学教授布鲁姆（Allan Bloom）说："在人们重温柏拉图和莎士比亚的著作时，他们将比其他任何时候生活得更加充实、更加美满，因为阅读经典作品将使人置身于无限深蕴的本质存在。"经典代表着一个民族的历史经验，是一个民族记忆的结晶。经典阅读本身是在唤醒我们对民族历史经验的"记忆"，并把这种"记忆"植根于个体之中。有鉴于此，我在多个场合多次倡导我校学生在校学习期间阅读不少于50本中外经典。同时，我还推动将经典阅读纳入我校人才培养的整体规划，以期在共同的经典阅读中构建相通的心灵世界。

湖南师范大学本科生经典阅读推荐书目：

1. 屈原、宋玉、刘向等《楚辞》，该书是我国浪漫主义诗歌创作的源头。
2. 孔子《论语》，该书是一部语录体文集，主要记载孔子及其弟子的言行。

3. 孟子《孟子》，该书是一本儒家经典著作，"四书"之一。
4. 老子《老子》，该书是中国古代著名经典之一，是先秦道家学派的代表性著作。
5. 庄子《庄子》，该书在先秦诸子散文中独树一帜，具有独特的哲学智慧。
6. 陶渊明《陶渊明集》，该书收录了陶渊明的遗世作品。
7. 刘义庆《世说新语》，该书是一部主要记述魏晋人物言谈轶事的笔记小说。
8. 周敦颐《周敦颐集》，该书主要收纳了宋代理学鼻祖周敦颐对后世影响较大的理学常说。
9. 朱熹《四书章句》，该书从整体上探求与把握儒学精义，是解读《四书》的经典之作。
10. 曾国藩《曾国藩嘉言钞》，该书收录了曾国藩最实用、最容易记诵的名言。
11. 吴楚才、吴调侯《古文观止》，该书编选严谨，是研究古代散文的入门书。
12. 孔尚任《桃花扇》、汤显祖《牡丹亭》、王实甫《西厢记》、洪升《长生殿》，这四部剧作被誉为中国古典戏剧四大名剧，在中国戏曲中具有极高地位。
13. 曹雪芹《红楼梦》，该书以四大家族的兴衰为背景，是中国四大名著之一。
14. 沈从文《边城》，该书描绘了湘西地区特有的风土人情。
15. 钱锺书《七缀集》，该书反映了钱锺书先生在文学批评方面的成就，特别是在比较中西文化和艺术方面。

16. 费孝通《乡土中国》，该书从乡村社区、社会规范等诸多方面解剖了中国乡土社会的结构及其本色。
17. 冯友兰《中国哲学简史》，该书原用英文写成，不仅对中国哲学进行了体系化的梳理，还把中国哲学推向了世界，加深了西方对中国传统的研究与理解。
18. 毛泽东《毛泽东选集》，该书是毛泽东思想的集中展现，亦是对20世纪中国影响最大的书籍之一。
19. 鲁迅《鲁迅选集》，该书是一部全面展现鲁迅诗歌创作成就和艺术风格的专集。
20. 林语堂《苏东坡传》，该书原用英文写成，对苏东坡的才能及政治生活、文学生活等作了生动描述和评价。
21. 朱光潜《谈美书简》，该书用书信形式讲述了"美""美感""美的规律"和"美的范畴"等一系列美学问题，是初涉美学者的重要参考书籍。
22. 钱基博《近百年湖南学风》，该书是论述辛亥革命以前湖南学术发展变迁的著作。
23. 习近平《习近平著作选读》，该书集中反映了中国共产党坚持"两个结合"、推进马克思主义中国化和时代化取得的重大理论创新成果。
24. 吴国盛《科学的历程（第四版）》，该书是一部普及性的世界科学通史，还原科学的前世今生，探讨科学精神的本质。
25. 张楚廷《有效的家庭教育》，该书讲述家庭教育是学校教育与社会教育的基础，是终身教育，在人的一生中起着奠基的作用。
26. 《新旧约全书》，犹太教与基督教的重要经典，展现了对上帝的不同认知。

27. 荷马《荷马史诗》，该书由两部史诗构成，是古代世界一部著名的杰作。

28. 亚里士多德《尼各马可伦理学》，该书成为西方近现代伦理学思想的主要渊源之一，为西方近现代伦理学思想奠定了基础。

29. 马可·奥勒留《沉思录》，该书是一本反思和自励的书。

30. 柏拉图《理想国》，该书主要论述了理想国的构建。

31. 弗兰西斯·培根《培根随笔全集》，该书是英国随笔文学的开山之作，蕴含着培根的思想精华。

32. 威廉·莎士比亚《哈姆雷特》，该剧本具有深刻的悲剧意义，代表文艺复兴时期西方文学的最高成就。

33. 查理·路易·孟德斯鸠《论法的精神》，该书是一本政治哲学著作。

34. 亚当·斯密《道德情操论》，该书是道德哲学体系的奠基性著作。《国富论》，该书摒弃了过去的错误概念，重新定义了自由市场的调整机制。

35. 让-雅克·卢梭《社会契约论》，该书提出了主权在民的思想，深刻影响了欧洲革命运动。

36. 伊曼努尔·康德《实践理性批判》，该书讨论了生活中的至善问题，是康德哲学思想的核心部分。

37. 阿历克西·德·托克维尔《论美国的民主》，该书是一部对美国社会、政治制度和民情进行综合研究的著作。

38. 约翰·斯图亚特·穆勒《论自由》，该书被誉为自由主义集大成之作。

39. 马克斯·韦伯《新教伦理与资本主义精神》，该书阐述了新教伦理与资本主义精神的某些关系。
40. 西格蒙德·弗洛伊德《精神分析引论》，该书对精神分析理论具有全面且系统的概括性论述。
41. 哈佛委员会《哈佛通识教育红皮书》，该书明确提出了教育的目标。
42. 蕾切尔·卡森《寂静的春天》，该书重点探讨了近代污染对生态的影响，呼吁环保主义。
43. 马歇尔·麦克卢汉《理解媒介：论人的延伸》，该书勾画了一种电子媒介文化社会的图景。
44. 约翰·罗尔斯《正义论》，该书深刻反映了西方社会的内在矛盾。
45. 阿诺德·约瑟夫·汤因比《人类与大地母亲：一部叙事体世界历史》，该书展现了人类与其生存环境的相互关系。
46. 约翰·亨利·纽曼《大学的理想》，该书是西方高等教育史上较早系统、综合、全面地论述大学教育的基本理论问题的名著。
47. 马克思、恩格斯《马克思恩格斯选集（共4卷）》，该书收录了马克思和恩格斯著作书信等内容。《共产党宣言》，该书全面系统地阐述了科学社会主义理论，在人类思想史上占据重要地位。
48. 拉尔夫·沃尔多·爱默生《爱默生文选》，该书摘录了爱默生代表性的诗歌和散文作品。
49. 伊波利特·阿道尔夫·丹纳《艺术哲学》，该书对于欣赏文艺复兴时期的艺术具有指导性。

50. 威廉·H. 麦克尼尔《瘟疫与人》，该书针对人类所面临的全球环境问题展开思考。

开列书单不是心血来潮的随意撷取，也不是人云亦云的模仿攀比，而是系统的严苛遴选与倾心推荐。该书目的拟定，参考了10余所国内外著名大学的推荐书目，对近10年来湖南师范大学图书馆师生借阅的情况进行了梳理和分析，广泛征求了学校各专业学院的意见和建议，并咨询了张隆溪、陈众议、陆建德、唐浩明、尹飞舟等著名专家学者的意见，最后以我个人的名义向学生们推荐。这是因为，经典阅读推广是一个公共事件，但推荐经典阅读书目却又是一件"仁者见仁、智者见者"的主观行为。我作为学校的管理者和教师，对于这份经典阅读书单，主要考虑以下三个要素。其一，要突出"经典"，书目中大多是历史沉淀下来的具有较深思想性和影响力的著作，是具有传世性、普适性和权威性的文化遗产。其二，要突出"平衡"，书目充分考虑到学生阅读兴趣的需求与差异，注重跨学科知识补给，从为人、为学、审美的宽博视角，从"马克思主义文献""生命与健康""历史与哲学""语言与文化""经济与社会""文学与艺术""科学与技术""湖湘文化""教师教育"等类别遴选并面向全校学生列出推荐书单。其三，要突出"特色"，我校作为湖湘文化滋养中成长起来的高等学府，馆藏书目可以追溯到千年学府岳麓书院的藏经阁的藏书。博大精深的古代典籍，是传承中华传统文化的重要载体，也是滋养民族精神气质的重要源泉。我们也理应为湖湘文化的时代传承与发展担当作为。

朱熹曾言："为学之道，莫先于穷理，穷理之要，必在于读书。"我们深知文化经典的浩瀚博大，所以推荐书目旨在引导学生形成良好的阅读习惯，并以此奠定终身学习与求知的人生基调。正如王安石所云，"尽吾志也，而不能至者，可以无悔矣"。我们相信，当共同的经典扎根心底，学子们情感共鸣会愈发细腻，家国情怀会愈发深沉，精神家园也就愈发牢固坚实。

11. 国师的毕业论文

在湖南师范大学图书馆里，至今仍收藏着国立师范学院时期80余篇学生毕业论文手稿。这些手稿选题多样，内容丰富，除了与本专业契合之外，亦有涉及国内局势等阐释，以及对外文文献的节选翻译，呈现出鲜明的时代特点和当时学生开阔的学术视角。格式规范，字迹工整，鲜有涂抹，每篇均附有教授所给分数及评语。老师们不仅热爱学术，也关心后辈，体现出严谨细致的治学态度。

当我们逐篇翻阅这些论文时，从泛黄纸张中的字里行间可以感知"国师"师生在民族危难之际，如何自我定位、如何肩负使命、如何面对时代之问作出的正确选择，以及始终葆有的那份爱国的情怀、民族的自信、求学的热忱和绚烂的内心。以教育学方面为例，论文中有追溯古代教育思想的，如《墨派之学说与教育思想》；有放眼世界教育实践的，如《杜威教育思想述评》《英国中学训育之研究》;还有着眼于当时教学改良的,如《乡镇中心国民学校如何办理辅导工作与社会教育事业》《改良中学国文教学法之研讨》。细读这些论文的内容,我们依然可以感受到在那个风云激荡的年代,国师学子求学求变的磅礴朝气。如教育系学生邓合珠在《中国社会之演进》中直言"吾人不仅要能推测社会之演进,并且还要根据推测社会演进所得的知识,去控制社会之演进",体现出鲜明的经世致用思想和强烈的社会责任感。再如史地系学生曹典礼的《宋代役法之研究》,他的研究目的在于"请先述我国役法之起源,及其演变之过程,庶可循其迹象,明其脉络,而得各种问题发生之背景也"。点评他论文的人,正是中国近代史和古代经济史研究领域重要开拓者之一的李剑农先生。

这些论文写于1943至1949年间,在廖世承、钱基博、皮名举、唐长孺、马宗霍等学术大家的指导下,他们中的不少人日后都成长为相关领域的著名学者。遥想当年,何其艰难困苦:在这些论文写作期间,国师辗转怀化溆浦县、衡阳南岳、长沙岳麓山等地,数次于战火中流离搬迁。面对这样的学习环境,当时的师生还能坚持深厚的家国情怀、宽广的学术视野和务实的研究态度,以实际行动履行"教育救国"之理念,这等精神信念如何不令人钦佩。

为进一步赓续师范传统,弘扬治学精神,学校以影印加图录的形式对这批尘封多年的论文进行了整理,并交由广西师范大学出版社以《湖南师范大学图书馆藏国立师范学院毕业论文选刊》为名出版。全书共选取了25篇论文影印，涵盖教育系、史地系、国文系、公民训育系、理化系、英语系等系科。这批论文忠实地反映了国师时期的历史，是湖南师范大学重要的校史文献，旨在让后人从体例、规格、内容等方面了解新中国成立前高校学生的毕业论文写作情况，对于研究20世纪湖南高等师范教育发展情况亦颇具价值。我受邀欣然为该书作序，谨此致敬国师先贤。

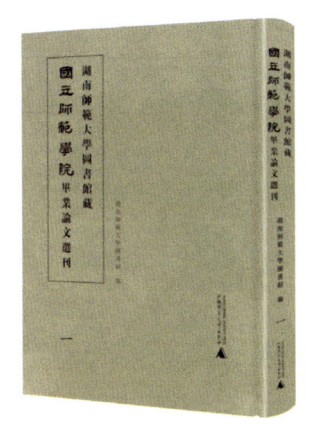

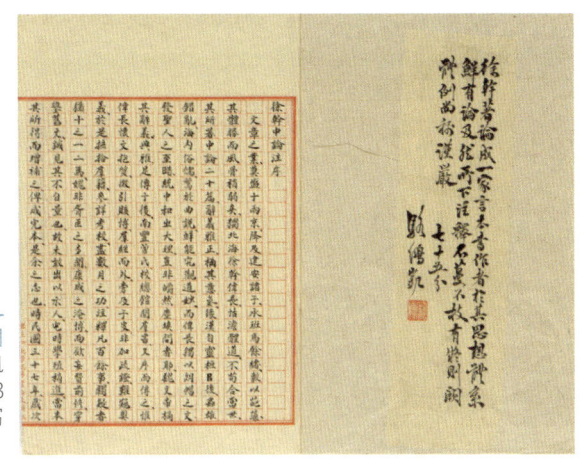

右图
著名语言文字学家骆鸿凯教授为国师国文系1943级学生蒋绍翊的论文所写的评语

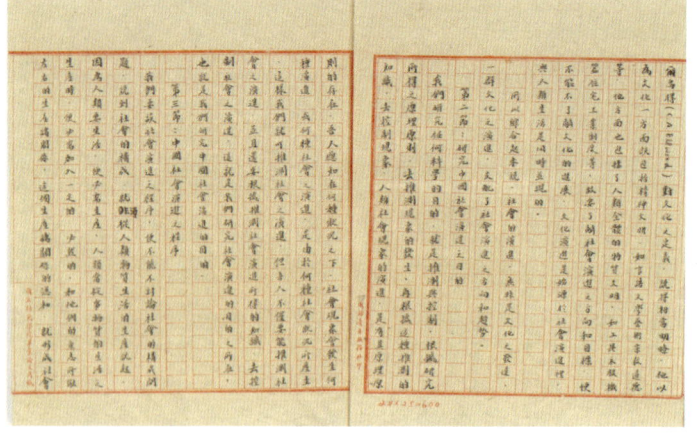

左图
国师教育系1943级学生邓合珠的论文手稿

《国立师范学院毕业论文选刊》序

吾校创立之始,国难当头,时局动荡。无锡钱基博撰《国立师范学院成立记》曰:国者,人之积也。人不自强,何能强国?假如师而不范,教训无方,何以造人,亦将何以造国?而造人之大任微国师谁与归!

欲谋救亡,不能不谋国民教育之善进;欲谋教育,不能不谋师范教育之奋起。然则战事所迫,既迁而复,复而又迁,间生数变,计出无奈,个中艰苦,楚神犹怜。吾校师生抗日之志弥坚,爱国之心愈切。师者临危不惧,潜心教化;学子满腔热血,勤勉笃学。吾校越挫越勇,越办越强。八十余载风雨转眼飞过,抚今追昔,以史为鉴,催人奋进。

幸哉!吾校今存有国立师范学院学生本科毕业论文,凡八十余篇。其著者,早揽创校学子,后起湘水先声,兼有国文、教育、史地、英文、理化、公民训育等系科,可谓弦诵不辍，文脉了然。其所言，古学考释者有之，新学引介者有之，时事查考者有之，不一而足。噫，安可忘乎，虽其治学作文之日居无定所、坐卧不宁。复细察，可见评注于纸间，盖导师手批之迹，一丝不苟，笔墨如新，仅观其语而如面大德。良师育良才，诚如斯也。

　　蓝田种玉，闻名已久，岳麓传薪，当仁不让。曾记否，吾校师生眷属一德一心，秉安定文化之美意，盼青出于蓝之佳音，数次妥善转运六百余箱校藏典籍。曾记否，长衡会战乍起，举校动心忍性，按常履考赴试，未舞一刀一枪而安一方百姓之心。筚路蓝缕而弦歌不绝，惨淡经营而芝兰满园，此八十余篇可为证也。所谓大学者，研究高深学问也。吾校今日之学人当以此为镜，恭省新人之业，礼承先人之道也。

　　谨此致敬国师先贤，弁诸卷首。

12. 大学与体育

　　古往今来，体育与人类教育相伴相生，贯穿人类文明历史。在古希腊，不管是斯巴达式的教育还是雅典式的教育，学生都要接受"五项竞技"（赛跑、掷铁饼、投标枪、跳跃和角力）的体育教育；比苏格拉底更早些时候，孔子就倡导礼、乐、射、御、书、数"六艺"，其中射与御都属于体育的范畴。1917年，青年毛泽东在《新青年》杂志上发表著名体育论文——《体育之研究》，强调体育的重要性。他认为:"体育一道,配德育与智育,而德智皆寄于体,无体是无德智也。"毛泽东以深刻的哲理,论述了德智体三者之间的关系,一方面说明了德智体三者密不可分,另一方面又突出了体育的特殊地位。

体育的本质是教育。当今世界以人工智能为代表的新技术革命奔涌而来,人类的许多体力劳动甚至部分脑力劳动都在被新技术替代,但是体育作为人类区别于其他生物的一个重要特征,始终长盛不衰,永葆活力,具有不可替代性。体育所赋予人类的这种健康自信、公正公平、拼搏的精神和高贵的品质,永远伴随人类而常青。作为现代化教育的重要一环,体育从基础教育、高等教育一直延伸到终身教育,从生命教育的意义上可以说,体育是一切教育的基础和前提。

体育之于大学,不仅是不可或缺的重要部分,更是一所大学"精气神"的彰显。究其原因有四:**一是有益于大学教育体系之完善**。大学体育课通过传授体育知识和技能,传达了公平竞争的意识和顽强拼搏的精神。近年国内高校逐步加强了体育工作,教师梯队更加完善,课程设置更加科学,课程内容更加丰富。高校体育作为高等教育的组成部分,正以区别于其他学科的独特方式,不断丰富和完善我国的高等教育事业。**二是有利于学生人格之健全**。通过体育运动塑造完美人格的理念由来已久。古希腊人认为,健康的身体是灵魂的花园,病弱的身体是灵魂的监狱。陶行知认为,体育运动可以培养学生的意志品质、合作精神和竞争意识,同时也有助于学生的身体素质和心理健康的提升。体育可以促使大学生在体育课、体育运动和体育竞赛中锤炼身体、磨练意志、团结协作，让身体和精神都得到有效的训练和发展。**三是有助于公民意识之养成**。在体育运动和体育竞赛中，体育教师的指导帮助、同伴的沟通交流、与对手之间的拼搏竞争，都能让学生在不断的尝试和互动中建立正确的价值取向，深化和尊崇公平竞赛、平等参与和遵守规则的体育精神。正确的体育价值导向能够在潜移默化中促进大学生公民意识形成，使之崇尚并践行公平正义的社会主流文化。**四是有利于人文精神之形成**。人文精神是一个民族、一所大学不可或缺的共同追求。在西方，一些大学把体育作为培养精英和绅士必不可少的途径。中国当代体育健儿的成长故事、奋斗历程，都涵盖了丰富的人文精神，有助于学生形成正确的世界观、人生观、价值观。

不仅如此，体育还在国家发展、社会进步、人民幸福方面发挥着不可替代的重要引领作用。党的二十大报告对加强青少年体育工作、加快建设体育强国作出了明确部署。作为大学的管理者，围绕现代大学的体育教育，乃至服务体育强国建设，我们能做些什么呢？我想至少有五个方面：

一是大学管理者必须具有体育情怀。一个好的大学管理者，首先自己要懂体育、爱体育，且自己能够有较强的体育运动能力，这对于一所大学的体育事业发展是至关重要的。外行领导不了内行，只有大学管理者从意识上高度重视，自己对体育有爱好和情怀，才会对校园的体育设施建设、体育人才培养倾注更多的精力。

二是要着重培养学生的终身体育意识。终身体育思想源自终身教育，指的是体育成为人一生中始终不可缺少的重要内容。这就要求，大学体育教学不仅要着眼当前课堂、单元、学期的教学任务，而且还要放眼于学生的未来乃至一生的体育实践。学校体育要为终身体育锻炼、自我体育意识的树立打下良好的基础，在教学过程中要采用各种教学方法引导学生主动练习，培养规律性锻炼习惯和体育兴趣。

三是建设功能齐全的现代化体育场馆。大学的体育教学是与时俱进的，既有对人体和体育项目更进一步的认知，也体现在建设更加科学、更加规范、更加高效的体育设施和场所上。随着大众体育的兴起与发展，大学体育场馆建设的定位，至少要实现科学且普及、惠民且高效。比如，我校20世纪80年代建设的体育馆，当时是全国最好的大学体育馆之一，曾举办过全国大学生运动会，然而随着时代的发展，该馆已无法满足体育教学和师生运动的需求。经多方论证，决定原址拆除重建，面目焕然一新的现代化体育馆已然拔地而起。从面向社会开放的角度出发，新馆的建筑风格设计与校园整体规划乃至岳麓山大学城的建设进行了统筹考虑，实现体育功用与环境美学相统一。该馆建成后，在管理模式上也将更注重于"共享"，届时将成为岳麓山大学城一张靓丽的体育名片。

右图
新修建的湖南师范大学江湾体育馆

四是引培专业过硬的教学良师。体育教师既是体力劳动者,也是脑力劳动者,是学校体育的主要实施者,肩负着培养具有良好体育素养时代新人的重任。大学体育教师必须具备高尚的品格修养、广博精深的体育专业知识、过硬的教学能力与科研能力,尤其是要结合大学实际所需,拓宽自身专业路径,更新教育理念和课程意识,积极完善课程设置、培养方案、教学环节和方法。

五是培育和造就一流的体育人才。体育人才的水平与成绩,是检验一所大学是否重视体育、体育教学是否有实效的最直接方式。大学可以通过组建自己的运动队,培育优势的运动项目,开展同水平的体育竞赛,引导广大学生积极参与体育运动,从而构筑一个完备的体育教育体系。八十余年前,国立师范学院首任院长、著名教育家廖世承先生便认为"健身为强国及延续民族生命之基",提出"体育第一"的口号。薪火相传,弦歌不辍,学校深入推进体育教学改革,逐步形成了一体化育人合力、一体化育人载体、一体化育人保障的体育教学教育体系。

近年来，湖南师范大学涌现了杨霞、王明娟、侯志慧等奥运冠军；舞龙队先后3次在人民大会堂演出，曾受到党和国家领导人亲切接见；近5年，我校代表队两次夺得全国大学生田径锦标赛团体桂冠；2020级本科生张博恒摘得杭州亚运会男子体操团体、个人全能、单杠项目冠军；2017级研究生武桐桐助力中国女篮获得世界杯亚军；2017级本科生彭林助力中国女子水球队获第8名；2021级本科生唐佳丽助攻女足亚洲杯夺冠。在成都世界大学生夏季运动会上，2021级本科生王正行获羽毛球男子单打冠军，2018级本科生刘玄炫获羽毛球女双冠军……他们在体育场上诠释着责任、拼搏和奉献的体育精神，承载着体育强国的光荣梦想。

左图
中国女子足球运动员、湖南师范大学2021级学生唐佳丽，在2022年女足亚洲杯上助力中国队夺冠。

左图
东京奥运会女子49公斤级举重冠军、湖南师范大学2017级学生侯志慧

13. 美育与立德树人

美育，事关立德树人。习近平总书记强调："做好美育工作，要坚持立德树人，扎根时代生活，遵循美育特点，弘扬中华美育精神，让祖国青年一代身心都健康成长"[1]。

何谓美育？170年前，德国思想家席勒在《审美教育书简》中率先使用了"美育"这个概念，认为只有"审美的人"才是"自由的人"，"完全的人"。美育概念虽源自席勒，而其实践在我国却有着相当久远的传统。早在先秦时期，孔子创立了儒家学派，强调君子的人格修炼，诗歌和音乐在儒家美育中扮演了重要角色。近代以来，随着中国社会从传统向现代的转型，美育不但作为新观念在知识界广泛讨论，而且成为中国现代大学教育系统中不可或缺的组成部分。早在20世纪伊始，学者王国维、教育家蔡元培等就力倡美育。王国维在1903年发表的《论教育之宗旨》一文中，首次将德、智、体、美"四育"的观念引入中国。1912年，蔡元培在《对于新教育之意见》一文中提倡广泛的美育范畴，充分运用审美活动本身具有的感染人、影响人、陶冶人的教育功能对人进行塑造。时至今日，落实立德树人根本任务，培养具有正确审美标准的社会主义建设者与接班人，成为大学责无旁贷的责任和使命。

那么，以美育人与立德树人的关系体现在哪里？

1　习近平：做好美育工作弘扬中华美育精神，新华社，2018年8月30日。

其一，立德树人是以美育人的价值旨归。习近平总书记强调，"高校立身之本在于立德树人"。立德树人作为教育的根本任务，也是新时代高校美育实践的首要目标。只有在以美育人中融入立德树人的理念，进一步统筹规划和细化高校美育工作，才能与时代发展同频共振，回应时代人才培养的要求。

其二，以美育人是立德树人的题中应有之义。以美育人的"美"和立德树人的"德"在本质上是相通的。以美育人是以美的内容和方式培育人们的道德感，增强人们的道德意识，提升人们的道德境界，通过"美"引导个体情感的健康发展，在感化人和激励人中塑造充满活力的个体生命，最终达到"美"与"善"的统一。

其三，以美育人与立德树人指向人的全面发展。人的全面发展是马克思主义的最高人格理想。"培养德智体美劳全面发展的社会主义建设者和接班人"是以美育人和立德树人的共同指向。美育以美辅德、以美益智、以美健体、以美促劳，对其他四育潜移默化地发挥着促进作用；同

左图
2010年，空军政治部文工团副团长、著名歌唱家、音乐创作家韩红率团来湖南师范大学音乐学院考察指导，选送天籁合唱团代表空军政治部文工团参加第十四届青年歌手电视大奖赛，最终勇夺大赛团体金奖。

时，"德智体劳"四育中也蕴含着美育内容。新时代高校美育实践要有更宽阔的视野，在五育融合并举中协同推进以美育人与立德树人，促进人的自由全面发展。

这些年来，我和同事们一道，从学生成长的全方位视角推进美育教育，力求美育在湖南师范大学校园里绽放光彩。

第一，强化美育工作系统化。我们优化美育顶层设计，先后修订了《湖南师范大学文化建设纲要》，制定了《湖南师范大学文化育人体系建设方案》，成立美育教学指导委员会和美育发展与研究中心，统筹推进全校公共艺术教育，形成了以美育发展与研究中心为主导，各学院、相关部门通力协作的育人工作格局。不断完善工作机制，构建美育工作体系，依托教育部中华优秀传统文化传承基地（湖南花鼓戏）等平台，以艺术导论课为核心，统筹各方面育人资源和力量，组织知名专家教授、优秀教师登台授课。融合第一课堂和第二课堂，建立课程教学、艺术实践、文化活动、艺术展演"四位一体"的普及艺术教育机制。

第二，突出美育课程体系化。推进美育课程标准化建设，健全学分制管理，要求每位学生须修满规定的美育类课程学分。构建以审美和人文素养培养为核心、以创新能力培育为重点、以中华优秀传统文化传承发展和艺术经典教育为主要内容的通识美育课程体系，打造通识美育核心课程，供全校学生修读，夯实学生美育基础。健全美育课程评价体系,将美育工作评价纳入人才培养工作评估指标体系。丰富美育课程资源,以音乐、美术、舞蹈、戏剧类课程为重点,从鉴赏类、史论类、实践类区分教学内容、目标与方式。引入湖南地方民族民间艺术优势资源,开设花鼓戏、湘绣等地方特色美育课程。推进课程形式创新,将讲坛搬上美育课堂,邀请全国各地、各领域艺术家来校现身说艺。

第三,推进美育活动品牌化。 打造天籁合唱团、潇湘爱乐团、民乐团、舞蹈团、戏剧团、朗诵团等高水平艺术团体,连续18年举办"师大之星"评选等20多项品牌活动,定期组织赴外观摩,开阔学生艺术视野,培养美育普及与文化传播的先锋队。邀请校内外知名专家、教师指导社团开展文学、歌舞、戏剧、微电影、书画等创作实践活动,不断扩大美育活动影响力。积极推进高雅艺术进校园,举办"雅韵三湘·交响音乐进湖南师范大学"等系列高雅艺术进校园活动,提升校园文化品位。校园文化成果在2021年全国第六届大学生艺术展演中独揽大奖6项,2023年在第九届湖南省青年文化艺术节中获奖21项。

左图
湖南师范大学256名学子作为2024年中央广播电视总台春节联欢晚会和长沙分会场特别节目主体表演成员,参与《浏阳河》等节目的表演。

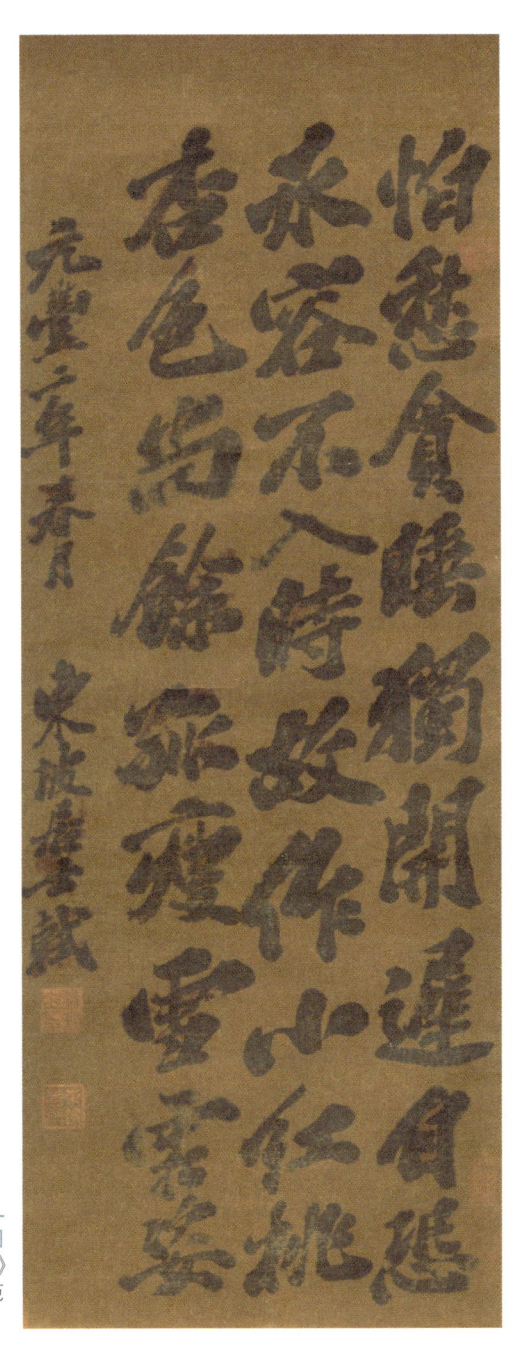

右图
苏轼书法《红梅三首》（其二），湖南师范大学美术馆藏

左图
黄宾虹水墨山水轴,
湖南师范大学美术馆藏

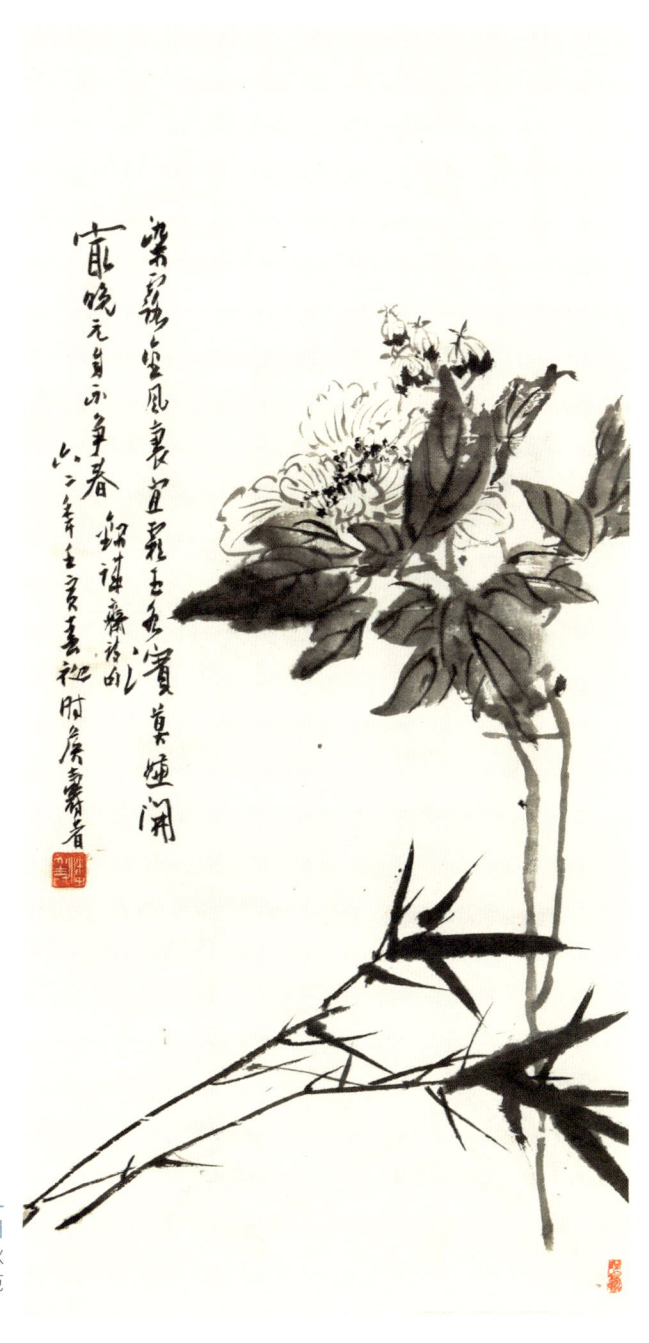

右图
潘天寿《水竹秋葵》，湖南师范大学美术馆藏

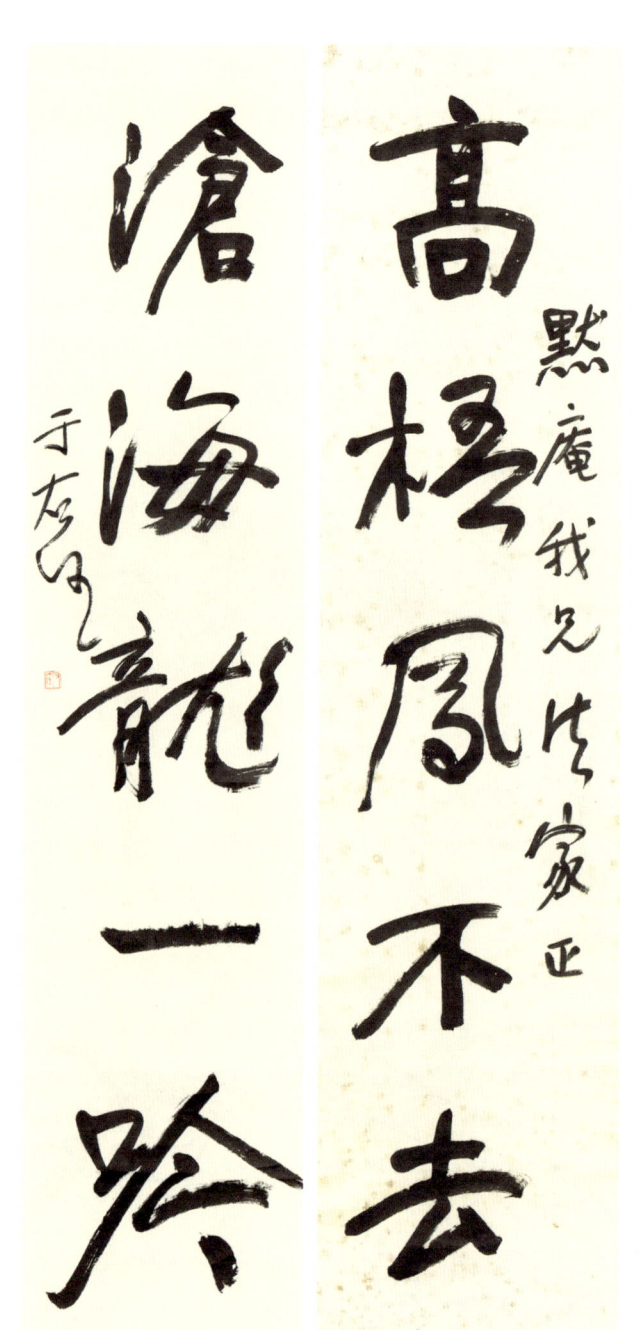

左图
于右任书法作品,湖南师范大学美术馆藏

14. 乡村振兴与教育

乡村要振兴，教育须先行。教育是乡村的一束光，照亮乡村建设的信心和力量，也照亮乡村发展的希望和远方。一百年前，著名教育家陶行知先生大声疾呼"教育必须下乡，知识必须给予农民""改造一百万个乡村"，并以此为念，用实干、创造、奉献的精神，走向农村，面向农民，面向孩子，创办了南京晓庄试验乡村师范学校。百余年来，先生的晓庄学校与教育思想为后世留下了宝贵的精神财富，也为新时代乡村振兴与教育融合以智慧启迪。

扶贫先扶智，教育是阻断贫困代际传递的根本之策。站在"两个一百年"奋斗目标的历史交汇点，面对乡村振兴新征程、新使命，师范大学不仅大有可为，而且理应大有作为。长期以来，湖南师范大学作为一所地处中西部地区的省属师范大学，始终突出师范教育本色，充分发挥教育母机优势，全面助力脱贫攻坚和乡村振兴，书写了新时代师范院校践行"四个服务"的美丽答卷，彰显了部省重点共建"双一流"大学的使命担当。

我们注重深化教师教育改革，努力培养更多德才兼备的乡村教师。学校在人才培养的过程中，注重引导师范生牢固树立扎根基层、服务乡村、献身教育的奉献精神，每年师范专业约80%的毕业生到中西部地区任教；瞄准乡村中小学教师学历层次偏低、全科教师严重短缺等突出问题，改革课程设置，创新教学方法，着力提升师范生基本专业素质和教育教学实践能力；深入推进招生就业制度改革，每年招收本科师范生约占总招生数的45%，继续实施好农村公费定向师范生培养计划；落实好"特岗计划""国培计划""支教计划"，探索实施高层次高学历乡村教师培养方式，面向区域乡村基础教育，培养更多一专多能的优秀教师；多方动员，借助社会各方力量，由校友企业家联盟发起并倡导设立"枫叶乡村教育振兴基金"，表彰扎根基层的优秀乡村教师；成立乡村教育研究中心，与三一集团合作开展乡村教育探索实践，为扎根乡村教育一线的教师们提升本领、开阔眼界创设更多条件，探索改变乡村教育现状的新路径。

我们积极投身乡村教育改革发展，促进基础教育优质均衡发展。自国家精准扶贫战略实施以来，学校充分利用基础教育优势资源，主动面向"精准扶贫首倡地"湖南省花垣县、贵州省深度贫困地区黔南州、湖南省对口援建的新疆吐鲁番地区以及省内平江、涟源、新化、武冈等贫困地区开展基础教育合作办学，无偿输出优质教育资源，累计提供学位约12万个，先后援建6所县市区中学成为省示范性高中。乡村教育研究团队先后在湖南省5所乡村学校建立研究基地，开展"点对点特色品牌"指导和U-C-S科研教学合作服务，在10个村落进行"家校村三教合一"乡村教育改造活动，相关改革成果获国家级基础教育教学成果奖。

我们深入乡村基层开展教育研究，不断提升决策咨询能力水平。近年来，依托教师教育研究中心、乡村教育研究中心、乡村振兴研究院、考试研究中心等多个智库，立足乡村教育振兴之大局，撰写了《关于农村教师工薪待遇落实的政策建议》《以人口自然增长率为基础的乡村学校布局调整政策建议》《以校联体为基本运行模式的乡村学校建设管理政策建议》等政策咨询报告，为我国解决基础教育和乡村振兴中面临的问题提供了学理分析和师大方案，为国家和地方教育决策提供决策参考。

右图
湖南师范大学先后参与湖南省邵阳市绥宁县插柳村脱贫攻坚和花园阁村乡村振兴工作，在防返贫监测、教育帮扶、产业融合发展、乡村文旅规划等方面做了大量卓有成效的工作。其中花园阁村获评"全国乡村旅游扶贫重点村""湖南省脱贫攻坚示范村"等称号。

右图
湖南师范大学积极响应教育部"慕课西部行计划"2.0，与新疆多所高校开启了跨越千里的同步课堂行动。图为我校外国语学院教师通过网络平台，开启了与新疆科技学院400余名学子的课堂云同步。

2020年11月8日，笔者在《人民日报·理论版》发表理论文章，提出新时代地方师范院校服务于国家脱贫攻坚、着力开展扶贫扶智的使命担当，本书特将该文收录。

新时代师范大学的使命与担当

消除贫困、改善民生、实现共同富裕,是社会主义的本质要求。党的十八大以来,以习近平同志为核心的党中央带领全国各族人民全面打响脱贫攻坚战,推动中国减贫事业取得了巨大成就。当前,我国中西部边远地区的脱贫攻坚到了决战决胜的关键阶段,师范大学重任在肩,有责任、有使命投身并服务于国家脱贫攻坚的主战场。

教育在脱贫攻坚中具有基础性、根本性的作用,是拔掉穷根、稳定脱贫的前提。我国中西部贫困地区,尤其是深度贫困地区,长期贫困的原因很复杂,但教育滞后是最终根源。党的十八大以来,中西部教育得到快速发展,但是和东部相比,仍然存在较大差距,主要体现在教学质量不高、经费投入不足、办学条件薄弱、教学资源匮乏等方面,而其中最为关键的则是乡村教师断档、流失问题严重。

要打赢中西部贫困地区脱贫攻坚战,关键在于培养和稳定一批有能力、有担当、有情怀的乡村教师。师范院校作为教师培养的主阵地,更应有为脱贫攻坚提供强大人才支持和智力支撑的使命担当。

"肩荷使命,矢志报国",是湖南师范大学一以贯之的办学传统和使命担当。80年前,面对内忧外患的紧迫时局,著名教育学家、心理学家廖世承先生临危受命,率领一批仁人志士扛起教育救国的旗帜,主持筹建学校前身——国立师范学院。80年来,湖南师范大学由小变大、由弱变强,先后进入国家"211工程"重点建设大学、国家"双一流"建设高校和部省共建"双一流"建设高校行列。建校至今,学校已培养了50多万名毕业生,涌现了一大批学术大师和各行各业杰出人才。特别是在引领和服务区域基础教育、推进教育均衡发展等领域,湖南师范大学以实际行动贡献了师大力量和师大智慧。学校还着力做好"教育扶贫""文化扶贫"特色文章,驻邵阳绥宁插柳村开展帮扶3年来,插柳村被评为"全国乡村旅游扶贫重点村""湖南省脱贫攻坚示范村",得到了教育部和湖南省委的高度评价。

一个时代有一个时代的使命担当。师范大学在新时代如何投身并服务于脱贫攻坚的国家战略,在脱贫攻坚主战场应有哪些新作为?

一是要积极回应时代号召。教育脱贫的关键在于教师。师范院校使命光荣、责任重大,必须牢记师范初心,聚焦教育脱贫的实际需求,为中西部贫困地区培养更多优秀师资。湖南师范大学始终不曾放弃"师范"属性。学校教师教育不仅没有弱化,还在一定程度上得到了加强,每年招收本科师范生约占总招生数的45%,每年师范生约80%的毕业生到中西部地区任教。今年起,还新增公费师范生700人,直接服务湖南农村地区基础教育事业发展。

二是要致力全科教师培养,创新师范生培养机制。为有效缓解中小学教师短缺、学科短板问题,"全科教育"是当下应时之需和必要之举。在课程设置上,要注重打破学科壁垒,进行学科间知识的整合、重构,设置"跨学科复合课程",拓展师范生知识面和跨学科知识能力;在教学形式上,要注重新媒体技术运用,要改变重理论知识倾向,强化学生教学技能和教师素养的全面培养;在师德教育上,要积极引导师范生树立起面向中西部、服务基层的意识和奉献精神。目前,湖南师范大学正以"世承班"和公费师范生培养为试点,大力推进"通识教育"和"专业教育"并重的师范类专业改革,努力构建"通识教育课程、学科基础课程、教师专业课程、教育实践课程"有机结合的课程体系;同时,积极鼓励运用"互联网+"教育思维,倡导"反思式""研讨式""体验式"教学,切实提高师范生培养质量。

三是要立足教育脱贫实践,加强理论与对策研究。高校作为人才和知识密集区,围绕教育脱贫中的实践问题,开展理论与对策研究,为政府决策提供咨询和参考是义不容辞的责任。比如,在教育脱贫过程中,如何解决好大班额、乡村教师短缺与结构性矛盾等短板问题;如何创新机制体制,统筹多方力量协同参与;如何激发乡村教育内生动力,调动各类主体的脱贫主动性和积极性等等,这一系列重大实践问题都亟须高校特别是师范大学集中优势力量开展专门研究,充分发挥高校的"智库"作用。这些年,学校依托教育科学学院、教师教育学院、教师教学发展中心、基础教育发展中心等师范教育教研机构,在推进构建"大学—地方政府—中小学校"教师教育模式、开展国际联合培养学科师资、服务高考改革等方面做了诸多积极有益的探索。下一步,还要瞄准"国家卓越教师培养计划2.0",加快建设高水平、有特色的教师教育学科体系,以更加主动的作为围绕中西部贫困地区教育脱贫中的难点、热点问题开展对策研究。

新时代是奋斗者的时代。师范大学要切实担负起新时代新使命,进一步聚焦国家脱贫攻坚战略中的乡村教育,为建设有气质、有品格、有情怀的一流师范大学而努力。

15. 大学的仪式感

仪式是大学精神的载体和外显,是一所大学区别于其他大学的文化符号,是大学精神的表征、价值的体现和形象的展示。美国加州大学前校长克拉克·科尔围绕"大学基业何以常青"曾提出:"一所大学必须具备宗教式的组织文化。"大学的仪式,是大学组织文化的一个重要表现形式。大学仪式通过重演历史传统,将过去的文化记忆通过仪式操演传递给师生,使师生在原有的理解程度上升华文化记忆,并产生对仪式意义、价值等方面的体验与认知。这种认知是多种感受的复合,比如获得感、归属感、荣誉感、认同感等,这些可统称为仪式感。

在中西教育史上,仪式都占有非常重要的地位。许多世界知名大学形成了独特的仪式,比如康奈尔大学的Slope Day狂欢节、哥伦比亚大学的树灯仪式以及许多学校独具特色的开学典礼、毕业典礼、成人典礼等,学校通过仪式向全体师生传达校园文化和重要的价值观念。在中国古代,学生入校后先要行拜师礼,双膝跪地三叩首,随后向先生赠送六礼束脩。先生收下束脩后,回赠葱(聪慧)等礼物。在拜师礼之后,学生要按照先生的要求，将手放到水盆中"净手""净心"，意在学生能在学习中专心致志、学有所成。这种仪式的目的就是教导学生严于律己、尊敬师长、尊重知识、知礼好学，通过仪式实现教化功能。

"礼"是文化的外在表现形式，文化是"礼"的内核。2017年中共中央办公厅、国务院办公厅印发《关于实施中华优秀传统文化传承发展工程的意见》，提出"要加大对国家重要礼仪的普及教育与宣传力度，在国家重大节庆活动中体现仪式感、庄重感、荣誉感，彰显中华传统礼仪文化的时代价值，树立文明古国、礼仪之邦的良好形象"。中国是礼仪之邦，中华民族素以重"礼"而著称。全球化时代里，随着不同文化之间的交流，中国的礼仪文化也进入了纵向传承与横向融合时期。大学礼仪文化作为一个国家礼仪文化的重要组成部分，肩负着文化传承和创新的光荣使命，更应当凸显中华优秀传统文化、社会主义先进文化和校园特色文化，探索形成一套具有中国特色、中国气派的大学仪式。近年来，湖南师范大学着力通过各类仪式不断深化师生对学校文化的认同，以发挥其潜移默化的功用。

一是通过各类典礼活动，实现价值认同功能。在德国哲学家恩斯特·卡西尔（Ernst Cassirer）看来，"一个符号并不是作为物理世界的一部分现实存在，而是具有一个'意义'"。新时代重塑大学仪式符号，其价值旨归在于传递大学精神文化。大学仪式可以营造特定的形象化情景，创设一个神圣的场域，通过辉煌的仪式时刻和隆重的仪式场景，向师生传递一种精神、一种信仰、一种价值，将抽象的价值观变得可见、可听、可触，帮助师生真正从情感上实现价值认同，并且内化为自己的价值观念。比如我校十分重视每年的入学典礼和毕业典礼，学生通过观看传统文化节目表演、聆听师长教诲、参观校史馆、走红地毯、打卡老校门以及学院举办的各具特色的典礼活动，深入了解大学精神、办学宗旨和核心价值。在或严肃或活泼的仪式氛围中，一种平时不易调动的、深藏于师生内心的价值认同油然而生，那种不能被直接感知并描述的潜在价值观被唤起，进而形成强大的向心力和凝聚力。

二是通过表彰仪式、纪念仪式等，实现文化传承功能。 大学教育很大程度上有赖于"言传身教"，而大学里的各种仪式正是具有这一特性的实践活动，是大学特殊的文化场域。在大学仪式氛围的熏陶下，师生容易集中精力做出仪式所规定的行为，强化心灵归属感。比如表彰仪式，通过隆重举办党内表彰大会、教师节表彰大会等仪式，旗帜鲜明宣扬做"四有"好老师的价值导向，有利于营造和传承进取的大学精神文化。大学还应深入挖掘中华礼仪教育宝藏，让中华优秀传统文化在时代精神的激励下焕发新的光彩。比如纪念仪式，是实现文化传承的重要手段，因此学校领导班子坚持每年清明节都前往麓山忠烈祠祭拜，引领师生在庄重严肃的纪念情境中缅怀先贤功绩、传播革命文化，让民族情感、文化记忆在仪式中得到唤醒，从而使精神得到洗礼，心灵得到净化，思想受到启发。

三是通过校庆日、师资建设日、入党仪式、毕业党课等重要活动，实现政治教育功能。 仪式是一种重要的教育资源，在政治教育中发挥着导向、激励、唤醒的功能。仪式所呈现的关于政治信仰、民族精神、理想信念等内涵与大学思想政治教育的内容具有统一性，是大学政治信仰教育的必要方式、辅助手段和特殊载体。只有具备一定的形式性，仪式才能以情境教化凝聚、升华和固化大学师生的政治认同。个体就如一堆摆放整齐却无法黏结的砖块，而仪式就如黏合剂，使个体感受到身在其中的参与感与荣誉感。比如，学校在全国高校中首创"师资建设日"，迄今已举办34次，学校将弘扬尊师重教、崇智尚学的风尚与"仁爱精勤"校园文化紧密结合，努力增强老师们的归属感、荣誉感和幸福感，为全校教师坚守学术理想、探索育人之道、实现人生价值擦亮精神底色。

一所成功的大学以它的精神文化而著称。大学的各类仪式，是大学精神文化得以宣扬、传承的载体。将仪式贯穿大学教育的始终，浓烈的仪式感引起的师生在心理、意识、情绪上的变化，终将转化为对大学文化的传承、认同、自觉和自信，从而使大学的精神延绵不绝、大学的基业长青。

左图
2023年10月27日，笔者在湖南师范大学第34个师资建设日大会活动上，同新进入职的瑞典皇家人文、历史及考古学学院院士、欧洲科学院院士张隆溪，欧洲科学院院士 Ottmar Ette，英国伦敦大学学院艺术与人文学院教授 Stephen M. Hart 合影。

右图
湖南师范大学每年以简朴而隆重的形式举办新生开学典礼,将爱党、爱国、爱校教育融入其中,引导新生传承红色基因,树立坚定信念,获取前进力量。图为我校女子国旗护卫队举行升旗仪式。

做青春的逐梦者
——在湖南师范大学2023届学生毕业典礼上的讲话

亲爱的2023届毕业生同学们:

大家好!

时光如水,岁月如歌,转眼就到了你们毕业的日子。今天,学校在这里举行隆重的毕业典礼,给你们壮行,为你们祝福。首先,我谨代表学校向同学们表示热烈祝贺!向所有关心、支持和帮助同学们成长成才的教职员工、亲友、校友和各界人士致以衷心感谢!

六月的师大,校园里跃动着收获的喜悦,也掺杂着离别的不舍。从岳王亭到木兰路,从老校门到图书馆,同学们身着学位服与心中最特别的"师大"打卡留念,每一个瞬间都弥足珍贵。英国诗人约翰·梅斯菲尔德(John Masefield)

说:"世间很少有事物像大学那样辉煌,很少有事物比大学更美,很少有事物比大学更不朽。"在师大的一千多个日日夜夜,你们与时代共奋进,与学校同发展,一起见证了建党百年的伟大盛典,一同经历了疫情防控的艰难,一起分享了学校再次迈入"双一流"大学行列的喜悦,一起感受了校园日新月异的美好……我相信,10800多个毕业生就有10800多个故事,你们就是师大"辉煌、美丽和不朽"的风景。今天你们要从这里再出发,奔向新的人生舞台。临别之际,作为师长,我想对大家提三点希望,与诸君共勉:

希望你们胸怀"国之大者",激扬青春梦想。孙中山先生说过,"做人最大的事情,就是要知道怎么样爱国"。爱国,是人世间最深层、最持久、最伟大的情感。在1938年的抗日烽火之中,首任校长廖世承先生等人怀抱教育救国的理想,创建了全国第一所独立设置的国立师范学院,自此一代代师大人在追求卓越的道路上,书写了拼搏进取、报效祖国的璀璨篇章。今天回到母校的陈大可院士,就是我们1977级物理系校友,他四十余年如一日,深耕物理海洋学领域,实现了"查清中国海、进军三大洋、登上南极洲"的目标,正向着"监控中国海、深入五大洋、共治南北极"的蓝色梦想迈进。他是一位文理兼容、艺体兼修的战略科学家,是我们师大人共同的骄傲和榜样。在我们50万校友中,不仅有一大批像大可院士那样矢志改革创新的大科学家,也有致力于构建人类命运共同体、服务复兴伟业的外交家、治国良才,还有成千上万扎根三湘四水、祖国边疆的人民教师等等。同学们,不论未来在哪,请你们记住,"清澈的爱,只为中国",希望大家以此为念,仰望星空,心存梦想,脚踏实地,善作善成,将爱国情、强国志、报国行融入青春梦想。

希望你们锤炼过硬本领,汇聚青春力量。博观而约取,厚积而薄发。在师大的求学岁月,同学们增长了知识才干,经历了淬炼成长,收获了友谊爱情。母校不仅见证了你们的青春,也因为你们的成长而愈发彰显荣光。物电院博士生黄然,以第一作者在 Nature、Physics 等国际顶刊发表论文8篇,理论预言被美国罗彻斯特大学实验验证;文学院石嘉、杨柳等同学则撰写了100余万字乡村文学作品,用文字刻画厚重炽热的情感;数统院学堂坡公寓2栋227寝室6名同学全部读研深造,继续攀登科学高峰;外国语学院李俊廷获得全国师范院校师范生教学技能竞赛一等奖,选择留在母校继续深造……在你们中间,这样优秀的事迹、感动的故事还有很多,你们是学校校训精神的传承者,是学校荣光的创造者,是学校历史的书写者,我为你们感到欣慰和自豪。同样,我也期待你们,毕业之后依然能够继续保持对世界的好奇、对知识的渴求、对真理的探索,继续不断地提升自我、突破自我、成就自我,集聚起奔涌磅礴的青春力量。

希望你们勇于实干担当,书写青春华章。当今世界百年未有之大变局加速演进,俄乌冲突持续紧张,ChatGPT、AI等新技术层出不穷,特别是在这个有着1000万毕业生的就业季,大家面临的问题和挑战比以往都要更加复杂。面对学业、事业与家庭的多重压力,你们可能少不了会感到委屈、困惑和不安。但是我们要相信,办法总比困难多。成功者往往有一个艰辛的开始,洛克菲勒(John Davison Rockefeller)曾是小职员,乔布斯(Steve Jobs)住过车库,李嘉诚做过推销员。鸡蛋,从外打破是食物,从内打破是生命。人生亦是如此,从外打破是压力,从内打破是成长。在逐梦青春的征途上,既然你选择奋斗,那些阻力或必经的痛苦,都将变成你生活的馈赠,照亮并引领你人生的旅程。当遭遇磕绊和挫折时,希望你们少些抱怨,多一些调整和适应,心存一份感恩,保持一份热情,因为机遇总是眷顾那些正直、善良、且务实的人。希望我们每个人都不要辜负了梦想,不要辜负了这个有梦想可以实现的时代!

英国著名诗人布朗宁(Robert Browning)曾说:"我心寄托在什么地方,让我脑也就寄托在那里。"同学们,一声再见,道不尽千言万语;一次挥手,抹不去万里相思。母校不单是你们人生中的一个驿站,更是你们永远的精神家园,你们是母校永远的牵挂!欢迎你们常回家看看!衷心祝愿同学们毕业快乐,鹏程万里,身体健康,一生幸福!谢谢大家!

四、大学的环境文化

德国著名哲学人类学家米切尔·兰德曼（Michael Landmann）在《哲学人类学》中指出："不仅我们创造了文化，文化也创造了我们。个体从来不能从自身来理解，他只能从支持他并渗透于他的文化的先定性中获得理解。"大学的校园环境、人文景观、教育设施是大学文化的物化载体，蕴含日用而不觉的育人价值，对熏陶人、感染人、塑造人具有重要意义，在塑造大学精神、繁荣大学文化上扮演着越来越重要的角色。我们的大学坐落在岳麓山下、湘江之滨，得先天之精气和灵性，校园里草木葱翠、鸟语花香，建筑典雅秀丽、文博矩阵交织，楼宇湖泊意味隽永，景观雕塑形象巧致，无不将校园的历史纵横感和现代立体感有机融合，展现出厚实的历史底蕴和独特的文化魅力。大学的学术、艺术、体育、文博等场所和设施对全社会开放，倡导和激发城区、社区、校区间的互动与共鸣，由此产生了广泛而深远的社会影响。在开放的过程中，大学还应该对世界上多样性的文化、语言，不同文化的思想和经典著作开展尽可能多的教学和研究，促进不同文化之间的理解和尊重、交流与互鉴。

1. 大学与校园环境文化

德国地理学家弗里德里希·拉采尔（Friedrich Ratzel）曾言："人和动植物都是环境的产物，人的活动、发展和抱负受到环境的严格限制。"环境是人成长的重要基石，它构筑起"人"基本的筋骨和血脉。良好的校园环境文化建设，发挥环境育人的重要作用，是数千年来人们探索出的重要教育途径，是新时代"立德树人"的必然和应然。

那么，在大学校园里，环境文化主要体现在哪些方面呢？一般而言，环境文化有广义和狭义之分。广义的学校环境文化是"学校文化"的同义语。狭义的学校环境文化，是学校按照地域特点、学校定位、办学目标和所建造的体现学校风格的建筑布局、教学设施、文化场馆、艺术景观、绿化美化等方面综合形成的物化文化。一所学校形象好坏与环境文化密切相关，教育形象的延续离不开环境文化。好的环境文化首要考虑发挥环境育人效果，其次考虑美化、绿化、净化和亮化，在建设过程中需要注意三个问题：一是环境文化建设要协调。校园环境的布局、色彩、装饰等都应该跟学校文化建设的主题以及办学理念一致、相得益彰。二是环境文化功能要突显。环境文化的设计应该为教育教学服务，要为学生提供最大限度的学习和活动空间，最大限度地体现环境的教育功能。三是环境文化格调要高雅。格调的高雅本身就是一种文化，是一种无声的教育，要"让每一面墙都会说话"，为师生创造具有高品位的氛围。

这些年，学校持续不断加强"软"文化建设的同时，也下大力气加强"硬"资源的建设。新世纪以来，先后合并了几所院校，形成了多校区办学的基本格局。由于各校区相隔较远，难以有效共享和利用相关设施场地，以致于学校绝对占地面积较大，但实际上用地紧张，空间较为受限。这成为制约学校发展的一大瓶颈。近年来，学校想方设法"开疆拓土"，以优惠的价格相继购买了天马学生公寓园区、湖南艺术职院南院校区、桃花坪校区桔园毗邻地块以及原省计量局地块，获得了"两山一湖"部分景区的托管权，在望城区建成了淡水鱼类发育生物学国家重点实验室鱼类遗传育种中心，共拓展办学空间近27万平方米，有效缓解了空间小、办学难的燃眉之急。与此同时，借岳麓山大科城建设的东风，困扰学校30多年的二里半"插花户"问题得以圆满解决，老校门复建、二里半科技文化西广场、二里半科技文化东广场（三棵树广场）等工程按期竣工，书香坪、艺术坪相继落成，还自筹经费近1亿元为学生宿舍安装了空调、开通了热水，完成了中和楼、咸嘉湖校区综合楼、逸夫图书馆扩建等重点建设项目，争取到国家贴息贷款近1.74亿元等着力改善办学条件，校园面貌焕然一新。特别是天文馆、博物馆、地学博物馆、生物标本馆、美术展览馆等相继建成并对外开放，极富湖南师范大学特色的"文博矩阵"已然形成，校园品质、品位日益提升，成为岳麓山下"最美大学城"的一道靓丽风景。

二里半科技文化东广场，又名"三棵树广场"。之所以命名为"三棵树广场"，是因为广场口有相偎相依的三

左图
新修建的三棵树广场

棵百年大香樟树，承载着数代师大人的群体记忆，彼时三棵树广场附近一线烟火气息浓烈，是二里半最鲜活的符号。2021年11月，二里半科技文化东广场项目启动，2022年6月顺利竣工。建成后的"三棵树广场"不仅是二里半的自然景观，更是岳麓山大科城入口的文化地标，还是一个用景观弘扬师大校训精神以达到景观共享、知识共享、资源共享的完整开放的休闲广场和科研办公区域，是岳麓山大科城名副其实的"会客厅"。为志庆贺，我专门撰写《三棵树广场记》，本书特将其收入：

  巍巍岳麓，浩浩湘江，山水之间，广场舒展。西邻黉门，续濂溪之正脉；南望韶峰，扬伟人之灵光。具地理之形势，擅学术之胜场。三棵香樟，伫立其旁，历经百年，郁郁苍苍。泽师生之福祚，滋学统之绵长。老子曰："一生二，二生三，三生万物。"故名之三棵树广场。

是广场,幸之所在,运之所昌。应大科城而生,托政府力而建,聚师大气而旺。回想昔日广场,走卒贩夫之嘈杂灌耳,学庠之名无光;杀鸡宰羊之戾声相闻,教化之誉难扬,浩然之气不纯,卓尔之心难彰。幸赖政校同心,改弦更张。举资亿元,重建新装。移菜市,迁杂户,方得焕然新样。长者漫步,思哲理于其下,少者嬉游,吟诗赋在其旁。

桃李春风,探天地之奥秘;弦歌相续,谱真理之新章。惟楚有材,于斯煌煌。故吾谓:星城之胜景,岳麓山也。麓山之文脉,湖大也。三树筑巢,引凤凰以翱翔;群贤设帐,育学子成栋梁。风景独好,万千气象。是为记。

二里半老校门复建是许多校友的夙愿。2018年校庆期间,学校决定在原址复建二里半老校门。复建的主要考量是,既要传承湖南师范大学深厚的历史文脉,又能昭示学校积极探索、与时俱进的创新精神及文化活力。为志庆贺,我专门撰写《老校门复修记》本书特将其收入:

门,犹人之庭面也。家有家门,校有校门,国有国门。法有凯旋门,吾有天安门。校门乃校史之象征,校魂之展现。名校必有名校门,清华北大如此,哈佛牛津亦是。

时维戊戌,序属孟夏,千帆竞发,万物并秀,喜迎八十华诞,欢庆校门新复。念吾校创建之时,有国师门;迁址岳麓书院,有书院门;分家师范学院,有师院门。后因道路拓宽,校门无存,学校伤神折气,校友时感怀之。幸逢新时代气象万千,遇好政府奋发作为,故回应海内外校友之呼唤,彰显大学堂文化之内涵,吾校门应运再生也。

校门重立,再添新景,钟灵毓秀、俊逸不凡。吾校有八景:樟园晨曦,书声琅琅;木兰春晓,人面桃红;岳亭烟雨,昭示忠勇;红楼映翠,古木参天;榕园樟韵,华盖亭亭;黉门听涛,逝者如斯;艺苑和声,天籁知音;兰台夕照,书香四溢。学子流连,美不胜收。

兹复建校门之地,据地理之便宜,承学脉之悠悠,香樟环抱,芳草萋萋,信步闲游,胜境怡然。门楣光耀,再现胜景,可谓韫涵和美,矞矞皇皇!仰观校门,彰往察来,学高方为师,身正而为范。身入黉门,当以学人居之,怀仁爱之心,树精勤之志。诚如世承先生所言:明礼仪,知廉耻,重国家,耐劳苦。

此番复建后,门坊重立,碑铭铿锵,乃倡开门办学之理,取兼容并蓄之义矣。吾校泱泱,八十载源远流长;吾校赫赫,遍神州桃李芬芳。得天下英才而育之,莫不幸甚,不亦乐乎。名师贤哲滋兰树蕙,莘莘学子各领风骚。校门宏开,国际视野,天下情怀,喜迎四海之贵客,笑揽八方之英才!

麓山苍苍,亘岳岭之峭峻;湘水滔滔,聚潇湘之秀灵。古长沙添新地标,大学城增好风景。惟楚有材,于斯为盛!校门复建,吾校繁昌!

右图
复建的二里半老校门

2. 抗战文化园的修缮建设

文化是大学的血脉，大学的文化担当不仅体现为对校园文化本身的自觉传承，更体现在对国家与民族文化的传承、维护与创新。湖南师范大学地处"十步之内必有芳草"的岳麓山下，延续红色文化血脉，传承红色文化基因，是师大人集体的文化自觉。因而，纵使在办学经费极其紧张的情况下，学校仍主动筹资修复校园内的红色文化遗址、忠烈祠和岳王亭，并争取省市支持，统筹整合周边红色资源，建成了岳麓山抗战文化园，使之成为国家级抗战纪念设施、湖南省文物保护单位、湖南省爱国主义教育基地，也是我校开展理想信念教育、爱国主义教育的重要基地。

从20世纪30年代开始，岳麓山风景区相继建成了岳王亭、忠烈祠、陆军第七十三军抗战阵亡将士公墓、陆军第十军三次长沙会战抗战阵亡将士纪念碑、长沙会战碑、阵亡将士名录石栏等，这些抗战遗迹均位于我校二里半校区岳麓山下。

其中，岳王亭始建于1936年，是在全国抗日救亡运动高涨的背景下，湖南人民为表示抗日决心而修建的。这是一座仿清亭式建筑，亭内置一块青石大碑，正面刻有岳飞的浮雕肖像，背面有湘乡名士颜昌峣所书《岳忠武王年谱》。岳王亭虽不大，却宛如一方印鉴，是学校师生评选出的校园八景之一。

忠烈祠是古代中国历朝历代为褒扬忠义精神，建祠追祀为国殉难忠臣烈士之处。原为纪念岳飞的岳王庙，1939年改建为忠烈祠，全称为"第四路军阵亡将士麓山忠烈祠"，主要用于纪念由湖南士兵组成的该军1937年参加淞沪抗战的阵亡将士。

由于历史原因，岳王亭、忠烈祠等建筑在战争年代和"文革"期间遭受了严重破坏，周围泥泞杂乱，几近荒废。

2005年，值纪念抗日战争胜利60周年之际，学校斥资800余万元，拆违还绿，修复了麓山忠烈祠、岳王亭，并建设了湖南抗战陈列展、爱国诗词碑廊等一系列文物建设和保护的配套设施，命名为岳王亭景区。2005年岳王亭被列为长沙市文物保护单位，2013年麓山忠烈祠被列为湖南省文物保护单位。2015年，在纪念抗日战争胜利

70周年之际，学校与岳麓区政府联合对景区进行了修缮，在麓山忠烈祠开办了长沙抗战史展览。2015年9月，岳王亭景区正式更名为岳麓山抗战文化园。

近年来，我们重点打造和用好岳麓山抗战文化园这一文化名片，切实加强了抗战文化园的建设、管理和使用，基础设施逐步完善，服务水平明显提升，教育功能不断强化。参观抗战文化园，走进岳王亭、拜谒忠烈祠，是每年新生入学的"开学第一课"，已成为学校激发师生爱国情感、传播历史知识、弘扬民族精神的第二课堂和重要阵地。

右图
绿水青山下的岳王亭

英国诗人约翰·多恩（John Donne）曾写道：No spring nor summer beauty hath such grace as I have seen in one autumnal face. 秋日麓山，万山红遍，层林尽染，动人心弦。笔者于2017年11月曾于学校岳王亭景区作《秋赋》一文，本书特将其收入。

秋　赋

一岁四季，动人心弦者莫过于秋。秋之所至，万类霜天，为之嬗变。屈子曰：袅袅兮秋风，洞庭波兮木叶下是也。古云：欣莫欣兮春日，悲莫悲兮秋夜。人乃感情之生灵，物色动也，心亦摇焉，情随物迁，辞以情发。

宋玉撰《九辩》，悲哉，秋之气也！萧瑟兮，草木摇落而变衰，此开悲秋之先河。如秋染层林，所向披靡，物色相召，人谁获安？名篇佳构，竞相迭出。月落乌啼，江枫渔火，状不眠之景；枯藤老树，小桥流水，写羁旅之难；秋风萧瑟，洪波涌出，抒英雄之志；秋风破茅，老病登台，叹时世之艰；秋风秋雨，鬓已星星，感时光之逝。然状秋而景致立现眼前者，莫过于欧阳文公之《秋声赋》。秋之声、秋之色、秋之容、秋之气、秋之意，栩栩如生，可触可感。如史所言，欧阳文公历经宦海波涛，体弱多病，遂步入人生之秋矣。此皆乃履代谢以惆怅，睹摇落而兴情。信皋壤而感人，乐未毕而哀生。

乾坤大道，元元朗朗，阴阳转换，俱归自然。福祸相倚，乐从悲生。刘禹锡诗云："自古逢秋悲寂寥，我言秋日胜春朝。"杜牧之诗言："停车坐爱枫林晚，霜叶红于二月花。"人乃自然之子，天人合一，亦有四季。循大道而不悲，知变化而不惧，此之谓"纵化大浪中，不喜亦不忧"矣。

3. 大学博物馆的魅力

2018年10月27日，湖南师范大学迎来建校80周年华诞。五湖四海的学子重返岳麓山下，回望初心，展望未来。落其实者思其树，饮其流者怀其源。校庆期间，广大校友和社会热心人士致力于回馈学校，捐赠总价值逾4亿元。其中，广东好普集团董事长颜盛繁校友将珍藏多年的近500件古代艺术品捐给母校建设艺术博物馆，充分彰显了浓烈的母校情结，为我校博物馆的藏品征集开了一个好头。

自那时起，笔者便萌生了一个想法：大学既然是文化的高地，那么各类型的文化场馆就不可或缺。这不仅有益于在校大学生的文化熏陶，还能够面向社会公众开放，为长沙市开展和承办大型体育赛事、文娱活动提供场地支持。这个想法从出现到初步实现，已有5年光景，这些时光印证了学校文化场馆建设的高速发展。改扩建后的图书馆焕然一新，不仅是一个读书和自习的好地方，还是一个交流和探讨的空间。置身其中，让人感到舒适愉快。校史馆在更新扩建之后重新对外开放，向学校师生和其他人呈现师大的千年历史，彰显生生不息的师大精神。博物馆虽是2022年才开馆，却迅速成为展示、传承湖湘文化的重要基地，保存着近三百件国家二级文物和七十余件国家一级文物。天文馆是激发想象、开阔心胸的地方，师生通过观察天空，能够感受到宇宙的浩瀚和自身的渺小，从而更加珍惜生命和时间。在地学博物馆里，存放着各种各样的化石和矿物质。动植物标本馆里，展陈着包括濒临灭绝的华南虎和距今上亿年的树蕨在内的六千多份标本。学生通过参观这些文博馆，能够开阔视野和眼界，丰富知识储备。除此之外，学校刚刚竣工落成具有师大特色的体育馆，与图书馆、天文馆、动植物馆、地学博物馆、校史馆、美术馆等场馆一起，形成校园"文博矩阵"。这个矩阵的内围是5万余师生，外围则是同样文化氛围浓厚的岳麓山大学科技城。

左图
湖南师范大学博物馆基本陈列——《潇湘瓷韵》，以独特的设计形式展陈湖湘古陶瓷珍品，用全新的视角解读湖南陶瓷发展历程。

左图
湖南师范大学天文馆建于1991年，并在2019年重新开馆。馆内拥有目前湖南省最大的光学天文望远镜，多项设备达到了专业天文科研的基准，每年接受逾15000人次参观学习。

右图
湖南师范大学地学博物馆建于 2021 年，是一所以岩石奥秘、矿物奇观、地理生态为主体，集科学与美学价值于一身的综合性地学博物馆。

习近平总书记说："一个博物馆就是一所大学校。"博物馆是保护和传承人类文明的重要殿堂，与大学有着与生俱来的联系。1683年，牛津大学毕业生阿什莫林（Ashmolean）将他的收藏全部赠予母校，牛津大学专门在宽街（Broad Street）建造新楼，打造了阿什莫林艺术与考古博物馆。该博物馆广纳了来自欧洲、西亚、东亚、东南亚等地的艺术作品，既为教学服务，也对公众开放，一时间成为世界上规模最大、藏品最丰富的大学博物馆。随后，剑桥大学、耶鲁大学、哈佛大学等世界知名大学都相继创建了各自的博物馆。这些博物馆凭借着独有的藏品、周到的服务、开放的胸襟视野，均成为蜚声世界的博物馆。中国大学最早的博物馆可以追溯到1876年清政府建立的京师同文馆博物馆。尽管只存在了26年，但它的出现打破了国人"珍宝秘藏"的传统观念和固有思维，发挥着保护古物、开启民智的积极作用，掀开了中国大学博物馆史的最早一页。

德国哲学家卡尔·西奥多·雅斯贝尔斯（Karl Theodor Jaspers）在《大学之理念》（*The Idea of a University*）一书中提出，"真正大学必须包括学术性教学、科学与学术性研究以及创造性的文化生活"。综观世界一流大学，建立与其学术地位相匹配的博物馆，已经成为提升在校师生及社会公众艺术素养和文化品质的重要方式。建立一个有文化、有内涵、有底蕴的现代化艺术博物馆，对一个学校未来的发展将起到三个方面的作用：

其一，深化人才培养，丰富高等教育内涵。文化育人是大学博物馆的内在品格，培育科学精神和人文素养是大学博物馆的核心要求。1947年4月，梁思成等清华大学教授在参加美国普林斯顿大学举行的艺术考古会议后，联名向校长梅贻琦写信，感叹"欧美各大博物院多有远东部之设立，以搜集展览中国古物为主；各大学则有专任教授，讲述中国艺术"，提请清华设立博物馆，"在校内使一般学生同受中国艺术之熏陶，知所以保存与敬重固有之文物，对外则负宣扬与提倡中国文化之一部分责任"。大学博物馆的重要职能之一就是支持、提升课堂教学与科学研究，让理论学习从平面化走向立体化，从书本化走向实物化。为此，我们要进一步将专业课堂与大学博物馆紧密结合，把博物馆作为探究式学习、参与式教学、实践教学和科研原创的重要平台，让学生通过对器物、展品的研究，涵养文化品质与科学精神。

其二，推进学术研究，助力学科建设发展。长期以来，世界知名大学都有建设和完善博物馆的传统。这些博物馆逐渐成为彰显大学学术积淀和科学成就的重要标志，有的甚至是某一学科领域享誉全球的教学、科研或文化研究中心。1993年，北京大学和美国友人阿瑟·姆·赛克勒（Arthur M. Sackler）博士合作建成赛克勒考古与艺术博物馆。该博物馆以早期秦文化为主题，联合多家文博单位进行了长达10余年的艰辛研究，最终形成了"秦文化与西戎文化"为代表的一批重大考古成果，名噪一时，成为国际上享有较高学术话语权的博物馆。在学科交叉融合发展的大背景下，我们要基于学校学科优势和办学特色，将保存良好的考古实物、历史文献及动植物标本化石等文物资源纳入统一的规划、管理和维护中，在建好学校艺术博物馆的同时，办好美术馆、天文馆、动植物标本馆、地学博物馆等各类专题馆，使之成为助力学科发展的专业平台。

其三，实现文化辐射，普及科学人文精神。大学博物馆植根于大学文化的深厚土壤，是大学文化的有机组成部分和符号象征。今天的大学在社区、城市乃至国家文化建设和社会公共文化服务中扮演着不可或缺的角色，大学博物馆也逐步承担起所在地区、城市和国家的文化传承者的责任。湖南师范大学以"最美大学城"建设为契机，构建自由、共享的文化氛围，让包括艺术博物馆在内的文博矩阵跳出象牙塔的局限，面向更多市民开放，让更多民众共享大学丰富的教育、文化资源，密切大学与社会、城市的关系。面对全球化、信息化时代的冲击，大学博物馆还要进一步优化运营策略和发展对策，建立与区域内文博机构的交流协作机制，推进数字化、全媒体化建设，充分发挥在文明传承和文化交流过程中的桥梁纽带作用，履行科学创新、立德树人的历史使命。

4. 大学食堂的价值

笔者一直对钱锺书先生的小说《围城》中的一个细节印象深刻：主人公方鸿渐所在的三闾大学参照牛津、剑桥等大学经验制定的导师制（Tutorial System）具体方案里，明确要求每位导师每周至少和学生吃两顿饭，且要求用餐不可讲话。钱先生在小说中对这条规定的评语是："吃饭时不得讲话，只许吃哑饭，真是有苦说不出。"在先生看来，食堂用餐交流，是可以传递信息、交换思想的。我在英国访学期间，特别留意牛津、剑桥等大学的餐厅，发现确是如此：如果一个教授非常喜欢一个学生，就会邀请学生去院士专用桌（High Table）吃饭，这或许就是思想碰撞与观点启发的温暖开始。

从书本到现实，饮食与大学碰撞，映照着文化和情感，也产生着新奇的场景和丰富的故事。大学食堂是喧嚣的，里面满是学生、老师和工作人员的呼喊与回应，也隐藏着同伴的私语与交谈。人情之间的往来在食堂的烟火气中氤氲升腾，跃动着大学的青春与活力，流动着独属于大学的饮食要素和特色。

这些年，学校先后推进了若干与食堂有关的改革举措：设立教职工食堂，推行教职工餐补，设立食材采购学生监督小组，推行贫困生餐费补贴，等等。特别是教职工食堂的设立，让老师们有了课后解决温饱的地方。人气渐渐旺盛的教职工食堂也增添了学者论道、朋友交心、美食暖心的价值意味。几年来，食堂带给学校的变化是由内到外，由个体到群体的。

"气之动物，物之感人，故摇荡性情，形诸舞咏翻译"。可口的饭菜、雅洁的环境，让相识或不相识的同事聚在一起，满心愉悦，笑语满堂，口中是酸甜苦辣的食味，心中是人生美好的回味。而对更多师生来说，教职工食堂里多了一些学问的探析和观点的交锋。在这里，时常看到，老师邀着学生从教室一路走进餐厅，延伸着课堂的答疑解惑、学问之道；时常看到老师和老师之间，就实验的理论数据、不同专业观点融合碰撞，让食物中多了些斯文，美味中多了些思想。曾听闻，学校有一个实验小组，老师带着学生做实验、做研讨，经常是忘记时间，经常是讨论兴起就忘记了吃饭。在教职工食堂建立后，每每在深入学术争论之时，他们就以"食堂用餐不耽误时间"为由，把学术的战场从实验室短暂搬到食堂。有时换一个地方，为学术打开新的思路提供了新可能。关于教职工食堂的价值和意义，还远不止此。我曾听说过这样一个事例，学校教职工食堂自创设以来，食堂用餐甚至成为了教职工拒绝应酬、专注学问的重要理由，"十来块的食堂饭菜呷起来最踏实、最韵味"。

左图
整洁典雅的湖南师范大学教职工食堂

我们常讲,"人间烟火气,最抚凡人心",或许,大学食堂的价值就在于温暖着师生的三餐四季,也传递和碰撞着思想和启示。

5. 大学与企业的合作

大学与企业的关系,通常表现为互补和替代两种。互补关系是激活国家创新要素释放的关键之一,替代关系则容易制约创新要素发挥作用。当前,我国经济由高速增长迈入高质量发展的新阶段,要加快产业结构转型升级,实现创新驱动发展,必须尽快使大学和企业的关系由替代走向互补。深化校企合作、推进产教融合,是促进教育链、人才链、产业链之间完美衔接的关键性举措,是激发企业活力、促进高校创新发展的战略性举措。笔者一直有一个观点:"高校和企业是一个息息相关的命运共同体。"一方面,高校培养的人才和科研成果可以对接企业,服务企业所需;另一方面,企业又反过来助力学校优化学科专业,"反哺"学校建设,助力学校发展。从这个角度上说,校企之间就是共生共荣、休戚与共的命运共同体。

在我国,传统意义上的校企合作模式一直存在,包括顶岗实习、企业冠名班、订单班等都是传统校企合作的基本方式。这些合作,在一定时期和阶段取得了一些效果,但总体而言,产教脱节的矛盾依旧常见。深入推进校企合作无论对于企业还是学校,都有着至关重要的意义:一是国际复杂的发展环境让企业的生存发展面临更为激烈的市场竞争;二是国内产业自身的转型升级需求逼迫企业要加大人才培养力度;三是高校的"双一流"建设需要寻求新的突破口,以培养符合社会需求的专业型人才,解决就业压力。

这方面,国内外的校企合作在不同领域都有很多成功的案例。比如,英国剑桥大学和微软合作成立了"微软研究剑桥实验室",以推动计算机科学领域的创新和发展。美国斯坦福大学和苹果合作成立了"苹果-斯坦福联合研究中心",以推动人工智能和机器学习领域的创新和发展。德国慕尼黑工业大学和宝马合作成立了"宝马-慕尼黑联合研究中心",以推动汽车工程领域的创新和发展。在国内,清华大学与华为合作成立了华清软件学院,培养软件工程专业人才,为华为等企业输送高质量人才。北京大学与阿里巴巴成立了数据智能联合实验室，利用人工智能和大数据技术，解决企业在商业应用方面的难题。校企合作带来的好处日益为社会所认可，其原因有三：

其一，校企合作可以实现优势互补、发展共赢。企业和高校承担着不同的社会职能，通过校企深度合作，企业能够更加有效地获取最新的技术和市场动态，不断提高产品和服务的质量与创新能力，进而提升企业的竞争力。同时，大学也为企业提供了新的人才储备，让企业能够更好地吸引和培养优秀的人才。高校与企业合作的优势，在于能够解决企业发展中理论研究、技术创新、人才紧缺的问题，只有与企业形成优势互补，给予企业实际的帮助，或提高产量，或转变性能，或提升效率，或引领发展，或培养人才，才能对企业有吸引力。这种合作给高校带来的效益也是显而易见的，能够助推高校形成深度融合发展的人才培养机制，培育协同发展的创新网络。同时将行业的先进技术、设备引入高校，与产业精准对接，实现同步发展。

其二，校企合作是区域经济发展的重要推动力。校企合作的另一重意义在于精准对接区域经济建设，通过供需衔接促进人才的培养，提升企业的技术和管理水平，进而带动整个区域的经济发展。同时，可为当地政府提供更为全面的产业政策建议，帮助当地政府更好地规划和引导产业发展。这一点，从当前各地产业集群的不断兴起就可窥见一斑。当然，校企合作不是某企业与某高校的单独合作，而是产业界与教育界的深度融合，不但需要高校的探索与推进，也需要社会各界的共同协助与支持，这样才能确保高校学科发展与专业建设能够紧跟产业发展，确保高校所培养的人才符合产业需求，从整体上推动产业的创新与转型，进而服务当地经济社会发展。

其三，校企合作能助推新技术、新产能的实现。 新一代技术革命对人本身、人类生产生活方式的改变都是前所未有的。其特点是，从科技创新到产业革命的周期越来越短、速度越来越快。技术革命和产业革命趋向融合，不但提高了产业对于应用型科技人才的要求，也在倒逼高校人才培养模式的变革和转型发展。然而，我国高校发展过程中仍存在重知识轻能力、重传授轻实践、重传承轻创新、重课堂轻社会等很多现实问题，对于应用型高端人才需具备的复合型知识与能力准备不足。未来，"双一流"学科建设与新产业发展的方向是什么？大学如何联合企业培养应用高端人才？如何将从就业市场、产业和社会中获得的经验和教训融合到教学之中？如何使教师和学科发展紧跟产业发展，应对未来挑战？这些都是高校在校企合作中亟需思考和探索的关键问题。

近年来，湖南师范大学在校企深度合作方面也开展了一些思考和探索，力求达到与企业的合作共赢。比如大力推进与三一集团、华为集团、科大讯飞、光琇医院、爱尔眼科医疗集团、圣湘生物科技股份有限公司等标杆企业的紧密合作，在原有40家校企产学研合作示范基地的基础上新建了6家校企产学研合作示范基地，并建立了3家校企研发中心。

其中，我们与全球先进制造标杆企业三一集团的合作，成果尤为显著。2021年，我校与三一集团共建现代产业学院，确立全面战略合作伙伴关系。两年多以来，学校坚持充分发挥学科、人才优势，紧密对接与服务国家和区域发展的战略需求，积极探索科教融合、产教融合的模式创新，主动担当"双一流"建设大学的责任与使命，与三一集团在基础理论研究、决策咨询、基础教育、人工智能与物联网技术等方面合作紧密、成绩凸显。比如湖南师范大学与涟源市人民政府、三一重工合办的湖南师范大学附属涟源三一学校，近年来办学质量持续提升，社会影响力进一步扩大。下一步，学校还将通过与三一集团共建智能研究院等形式，以此集结各方资源，共同办好大学教育，为校企深度合作、融合创新发展趟出一条路径，为社会做出更大贡献。

左图
2022年7月，湖南师范大学与三一集团共建的湖南师范大学附属涟源三一学校揭牌。

右图
2023年2月，湖南师范大学与圣湘生物科技股份有限公司签订战略合作框架协议。

右图
2022年10月，湖南师范大学与爱尔眼科医院集团、湖南省湘江公益基金会举行签约仪式，爱尔眼科捐资设立湘江教育发展基金，大力支持学校教育事业发展建设。

6. 大学的开放

　　大学的开放，首先是与一个城市精神与灵魂的开放融合。以我们学校为例，师大的校园与岳麓山的风景融为一体，也与长沙的街区环抱交错，以最开放的姿态见证着城市的繁荣发展，传承守护着城市的文化气质，也接纳着这座城市带来的发展助力。大学作为文化的标志和象征，在自然风景、人文气息和文化熏陶上可以对受众产生更直接、更有效、更生动的影响。校园的开放是大学最基础的开放，能够在很大程度上为民众提供场地上的支持、精神上的熏陶和文化上的触动。

纵观中外高水平大学的发展历程，往往伴随着学术科研与人才培养上的高度开放与发展。文化的开放是大学传播文化的重要路径。中国近现代高等教育的发展史就是一部开放史，我们在'西学东渐'、新文化运动、马克思主义和社会主义思想传播中拥抱世界优秀文明成果，又在新中国对外开放层次不断拓展中兼收并蓄、融通发展。大学管理者要有足够包容的理念、格局和气魄，只有走出大学的象牙塔办大学，才能够让学校的发展更开放、更多元、更从容。大学既要成为中华文明的传播阵地，也要成为国外优秀文化成果吸收的创新场地。要在文明传播互鉴中，讲好中国故事、传播好中国声音、加快构建中国话语和叙事体系，不断提升中华文化影响力。

这些年，基于以上这些理念，我校始终以开放的姿态拥抱社会、融入世界，在文化传承传播与科技创新发展中贡献智慧力量，并以此服务区域乃至国家战略需求。

其一，让校园更开放。 湖南师范大学作为没有围墙的大学，始终以开放的姿态面向社会公众，既为学校管理提供了宝贵的尝试和经验，也让火热的社会烟火气渗透到校园。在此基础上，我校在每年高考后，都为高三学子专门设立"校园开放日"，作为他们了解学校的窗口。

其二，让文化更交融。一是促进文化建设，更好满足人民日益增长的美好生活向往。我校以乡村振兴、新农村建设为落脚点，开展外语教育援疆并在新疆成立"基础外语教育实践基地"、在革命老区平江援建颐华学校并挂牌"教育硕士专业学位研究生联合培养基地"等。此外，我校还通过国培项目、大学生暑期社会实践等活动，致力于向贫困地区传播更先进的知识和经验，以此让文化更深入、更广泛地影响民众，服务国家战略。二是依托中华传统文化满足世界人民对中华文化的向往。我校将翻译学、比较文学与跨文化交际、国别与区域研究这些方向跨界融合，向世界阐释和宣介具有中国特色、体现中国精神、蕴藏中国智慧的优秀文化。我校参与策划编译了《大中华文库》丛书，翻译出版《汉英对照湘湘经典》丛书、"湖湘文化与世界"系列丛书等，还通过"中国·十八洞"中英文网站建设的翻译、"雷锋精神国际传播"、建好海外孔子学院等，增进中外文明互鉴和民心相通。

其三，让发展更国际。近年来，我校始终致力于大学共同体建设，力求以更多的资源、更民主的决策和更科学的机制引领学校的发展。2021年，我受聘出任世界大学校长协会副主席，负责协调亚洲及中东地区特别是"一带一路"沿线国家高校联络。我校国际朋友圈也在稳步拓展，与48个国家和地区的204所大学和机构建立了战略伙伴关系。学生出国（境）交流渠道更加畅通，获批的国家留学基金管理委员会创新型人才国际合作培养项目总数达到6项;来华留学教育取得新进展,现有来自48个国家和地区的长期在校国际学生1234人次。

左图

2014年7月,世界银行行长金镛先生来到湖南师范大学考察世行贷款项目情况。笔者为其介绍湖南师范大学开展的职业技术教育与教师培训项目。金镛先生对相关项目在湖南师范大学的执行情况表示充分肯定。

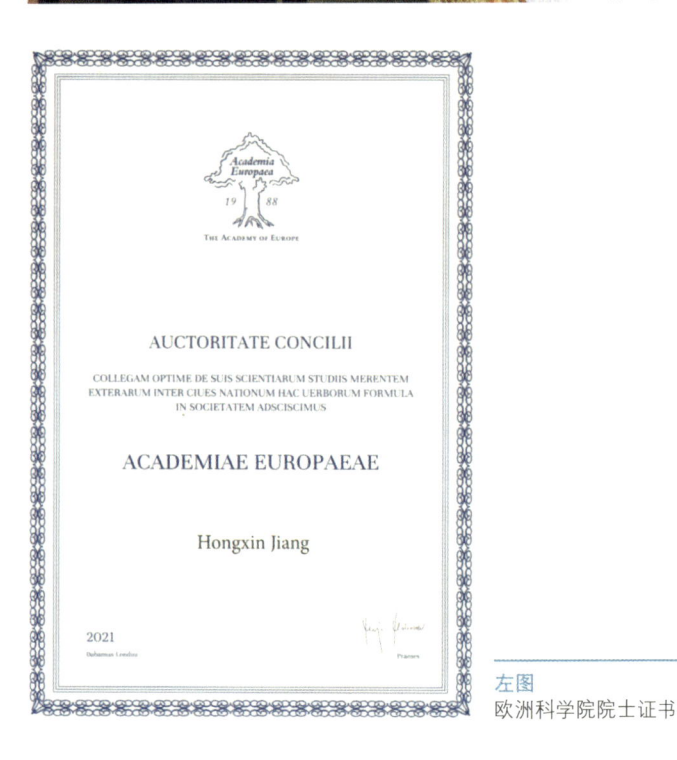

左图

欧洲科学院院士证书

这些年的实践也充分证明，我校的开放之路是正确的办学之路，应该长期坚持。在我校开放办学的过程中，体制机制更加完善，文化传播传承更加主动，科技创新成果转化更加顺畅，治理能力的现代化不断提升。

2021年，本人当选为欧洲科学院院士。2022年初，受国务院学科评议组成员、教育部"长江学者"、上海交通大学外国语学院特聘教授、《上海交通大学学报（哲学社会科学版）》主编彭青龙教授邀请，我做客《上海交通大学学报（哲学社会科学版）》"科技人文·院士跨界高端访谈"栏目，与彭青龙教授就"增强文化自信，不断铸就中华文化新辉煌"这一主题展开交流。

增强文化自信，不断铸就中华文化新辉煌

人类社会发展史是世界各种文明交流对话和互学互鉴的历史，这在远古时代如此，工业革命时期如此，智能时代更是如此。古代丝绸之路的交流通道、地理大发现后西方列强建立的海外市场以及在互联网技术支持下的全球化经济贸易活动，无不展现出文明交往的图景。尽管在不同历史阶段，由于时空、技术的阻隔，战争或自然灾害的影响，各文明之间交往的广度和深度不尽相同，但就总体而言，全球文明交流互鉴从未中断，这既是文明自身发展的需要，也是人类社会进步的动力源泉。近年来，世界进入百年未有之大变局，人类文明交往呈现出前所未有的新特点：一方面，科学技术日新月异，客观上为文明对话交流创造了更好的条件，世界互联互通成为趋势，新冠疫情也使世界各国进一步增强交流合作、共渡难关的愿望;另一方面,西方民族主义和单边主义抬头,似有将世界人为分割、分裂为两大阵营的倾向,提出所谓"科技脱钩""经济脱钩"等不利于世界和平发展的论调,企图以"文明冲突论"代替"文明交往论",以"历史终结论"代替"历史发展论"。在这种背景下,各国学者纷纷就大变局时代的全球文明和世界文化多样性等重大理论和实践问题展开交流对话,其中科学技术与人文学科的关系是重点话题之一。基于此,上海交通大学的学者率先提出了"科技人文命运共同体"的概念,试图通过一系列学术研究和活动,探索打破学科壁垒、消解科技与人文"融通赤字"的有效路径。《上海交通大学学报(哲学社会科学版)》推出了"科技人文·院士跨界高端访谈"栏目,围绕"面向未来的科技人文"的诸多方面,开展深入交流。本期访谈对象为欧洲科学院院士、湖南师范大学党委书记蒋洪新教授,聚焦"全球大变局时代的文明交流对话与互学互鉴"。

彭青龙:首先,感谢蒋老师能够拨冗接受我们的学术访谈。我们先从文明的概念和溯源谈起,再探讨文明、文化多样性和交流互鉴的问题。众所周知,"文明"一词内涵丰富,至今还没有一个被普遍接受的定义。在《辞海》里,"文明""同'文化',如古代文明,商业文明";或指"'社会发展水平较高的有文化的状态',如文明社会,避草昧而致文明",第二种定义暗含一个动态的过程。中国早期文献《周易·乾·文言》中有"天下文明"之言,《尚书·舜典》中有"睿哲文明"之语。在中国传统文化里,强调"仁义礼智信",实际上就是有教养、讲文明的意思。如《孟子·离娄下》中的

"君子以仁存心,以礼存心。仁者爱人,有礼者敬人。爱人者,人恒爱之;敬人者,人恒敬之"就是众多礼仪文化论述中的一个。在国外,文明一词最早来源于拉丁文"civilis",据传是荷马说古代卡里亚(Carian)的蛮族说话"吧—吧"(bar-bar),含糊不清,与城里有修养的人的讲话方式相反,于是就有了"文明"与"野蛮"二元对立的说法。英语中的"civilization"就由此而来,然而直到启蒙时代,它才真正成为一个新词在欧洲流传开来。尽管在英语中"文明"与"文化"也有通用的情况,但多数人认为文明是文化的升华,体现了社会的进步要求。您认为中西文明内涵的本质区别是什么?中华文明与西方文明的共同性有哪些?可否从历时性的视角,谈一谈中华文明和西方文明分别对人类社会做出了怎样的贡献?

蒋洪新:刚才您谈到概念溯源的方法,这个很重要,对我们理解文化和文明的内涵具有基础性意义。从词源学上看,文化(culture)的词根是cult,其本义是栽培、耕作,相对于自然(nature)而言,凡经过人的加工创造的事物都属于文化。文明(civilization)一词源于古拉丁文"civis"和"civilis",它的词根是"civil",其本义是城市居民,是相对于"野蛮"(savage)或"原始"(primitive)而言的。文明是文化发展到一定阶段的产物,文化先于文明,文明是与蒙昧、野蛮的文化状态相对的,表述人类历史进化状态的一个概念。

人们对文化与文明关系的理解主要有两种:一种是从相通性角度看,将二者理解为人类活动及其成果,或不加区分,或有所偏重。前者如英国哲学家泰勒(Edward Burnett Tylor)在《原始文化》中的观点,认为"文化或文明,就其广泛的民族学意义来说,乃是包括知识、信仰、艺术、道德、法律、习俗和任何人作为一名社会成员而获得的能力和习惯在内的复杂整体"。后者如我国思想家钱穆在《中国文化史导论》中的观点,"大体文明文化,皆指人类群体生活而言。文明偏在外,属物质方面。文化偏在内,属精神方面"。另一种是从认同性角度看,将文明视为体现文化认同、进行文化归类的一个聚合体。如美国学者亨廷顿(Samuel Huntington)在《文明的冲突与世界秩序的重建》中认为,"一个文明是一个最广泛的文化实体……文明是人最高的文化归类,是人们文化认同的最广范围"。这种观点在国际学界具有代表性,如德国哲学家斯宾格勒(Oswald Arnold Gottfried Spengler)《西方的没落》、英国历史学家汤因比(Arnold Joseph Toynbee)《历史研究》、美国历史学家麦克尼尔(William H. McNeill)《西方的兴起——人类共同体史》等著作中都有所涉及。

在唯物史观视域中,文明的根基在于人的实践性存在。实践作为人的存在方式,表征人对世界的否定性统一关系。文明源于人类对于自然界的不满足,是为了否定自在自然,通过生产劳动实现"人化"自然的结果。在这个过程中,塑造文明的实践不仅遵循自然的必然性和规律,并且表达了主体自身对于自然的目的性要求,蕴含了"合规律性"与"合目的性","物的尺度"与"人的尺度"的统一。因此,文明是"从事实际活动的人"在现实生活中创造出来的,无论是把文明视为一种政治社会秩序,抑或科学、艺术、道德与技术,文明都根植于一定的生产关系中,从根本上受人们一定的共同活动方式——生产力所制约。换句话说,文明发展与生产力进步具有本质联系,一定的文化是一定社会的政治和经济在观念形态上的反映。

其次,关于中西文明的共性与特性,这是一个很宏大的论题,学术界提出了很多真知灼见。这里,我简要回应三点:**其一,无论是谈中西文明的共性,还是谈中西文明的特质,都应该放到人类文明发展的历程中来审视**。马克思指出:"人们自己创造自己的历史,但是他们并不是随心所欲地创造,并不是在他们自己选定的条件下创造,而是在直接碰到的、既定的、从过去承继下来的条件下创造。"比如说,中华民族历经磨难,凤凰涅槃,创造了五千年灿烂的中华文明。中华文明不仅是人类文明的发展源头之一,也是世界历史上唯一实现连续发展的文明。在应对战争分裂、族群差异、文化冲击等重大历史事件的过程中,中华民族在中华文化的凝聚和引领下,维持了国家的统一、民族的融合、文化的和谐以及传统的延续,形成了统一、连续、和谐的民族共同体和政治文明体,取得了世所罕见的成就。习近平总书记指出:"中华文明源远流长、博大精深,是中华民族独特的精神标识,是当代中国文化的根基,是维系全世界华人的精神纽带,也是中国文化创新的宝藏。""要讲清楚中国是什么样的文明和什么样的国家,讲清楚中国人的宇宙观、天下观、社会观、道德观,展现中华文明的悠久历史和人文底蕴。"[1] **其二,探讨中西文明的联系,应坚持从具体问题出发**,而不

---

[1] 习近平:把中国文明历史研究引向深入 推动增强历史自觉坚定文化自信,新华社,2022年5月28日。

是从抽象概念出发。文化与文明作为客观的学术用语，本身并不体现特定的价值判断，在实际运用过程中，应首先作历史、客观的具体分析，避免人为主观化和抽象化所导致的刻板印象和文化偏见。比如说，一般认为人文主义是中华文明的重要特征，是中华文明的基本立场，人文立场使中华文明始终关注人的现实世界，而非彼岸世界，始终以人作为尺度建构文明，充分肯定人作为天地之心的独特地位。同样，人文精神也是西方文明的传统。在西方文明的发展史上，古希腊文化和希伯来文化被称作哺育西方文明的两个重要源头，是了解和研究西方文明的开门钥匙。马修·阿诺德（Matthew Arnold）曾经指出："希伯来文化和希腊文化——我们的世界就在这两极之间运动。"西方人文精神观念的萌芽在古希腊，集中体现在普罗泰哥拉的著名命题"人是万物的尺度"中，它所开创的自由理性传统为西方科学思维的产生奠定了最初的，也是最重要的基石。如果我们对具体问题进行比较研究，就能够从源头、形态、特征上来把握这种内在的一致性和演化的不同路径，这有助于我们客观、公正地分析具体问题，而不是轻率地作出价值判断。

其三，文明是动态的而非静止的，在人类文明演进的过程中，中西文明均做出了自己独特的历史性贡献。仍然以人文精神为例，人文精神明确肯定人类理性的重要性，认为人之不同于禽兽的根本原因就在于人的理性。自由信念的确立和自由理性的张扬，使社会和自然界的无数矛盾与问题迅速呈现在人们的面前，如世界的构成，事物的普遍结构，物质的实体，人的本性、命运、善恶等。然而，人文精神在恢复人的自由观念和理性观念的同时，也改变了人对自然世界的态度。自然的神秘感逐渐消失，科学的实用价值和功利主义目的日渐突出，在世界范围内形成对科学"工具理性"的崇拜，而科学背后的人文精神在云蒸霞蔚的科学发展大势中失去了昔日的光彩。但人类还有自我反思的本性，有识之士不断发出呼吁，"人类完全有理由把高尚的道德标准和价值观的宣道士置于客观真理的发现者之上"。

人类文明总是历史性地产生作用，不能幻想一种文明一旦形成，人类就能够一劳永逸了。当今世界已经进入全球化时代，应该以全球的视野去审视中华文明、西方文明，去发现人类更多共同的价值点，为创造一个新的全球性文明奠定坚实基础。

彭青龙：谢谢蒋老师。如您所言，中华文明和西方文明都对世界文明做出了贡献，这在学界基本达成了共识。如果说前面的回答基本上围绕"我是谁，从哪里来"而展开，下面则要请您谈谈"到哪里去"的问题。对于中西文明的走向，不少学者都有自己的立场和观点。例如，阿诺德·约瑟夫·汤因比是英国著名的历史学家，长期研究民族国家的兴衰和文明的发展模式，重点聚焦于以希腊为代表的西方文明和以中国为代表的东方文明。他认为，人类的希望在东方，中华文明将为未来世界转型和人类社会发展提供丰富的思想文化资源，中国的儒家、道家和佛教所包含的节制性和合理性思想将成为人类社会永续发展的哲学基础。另一位美国历史学家弗朗西斯·福山（Francis Fukuyama）则提出"历史终结论"，他强调具有民主自由的西方制度是人类社会的最佳选择，也是最后的选择，因为人类有向往自由民主的天性，而西方的资本主义制度恰恰能够满足人们的需求。诚然,他们的观点差异很大,视角也不同。您如何看待这两种几乎相反的观点?可否请您谈谈我们应该继承哪些中华文明中的优秀文化基因?

蒋洪新: 在回答如何看待汤因比和福山两位学者观点之前,我们首先要破除两种文化迷信。一种是"文化中心论",它以"自我文化"为中心,认为自我文化的信仰、价值观、生活方式、行为规范是主流文化,其他文化都是由自我文化派生出来的。如近代以来的西方文化中心论,主张西方文化在政治、经济、科技等方面较东方更为先进和发达,代表着历史的进步和必然,甚至打着"普世价值"的旗号,强行推动"取代主义"行动,企图用一种文化取代另一种文化,用一种制度取代另一种制度。殊不知文化既有普遍性,又有相对性,普遍性即人类文化的共性,相对性即各种文化的个性。承认文化的共性,尊重文化的个性,方能脱离文化中心论的窠臼。另一种是"文明优越论",它鼓吹自身文明在历史或现实中优于其他文明,最具代表性的是基于种族差别形成的"白人优越论""东方文明停滞论",这种论调成为殖民者进行侵略扩张的借口。

破除这两种文化迷信之后,还要破除一种文化盲目的心理。汤因比也好,福山也罢,他们的观点仅仅只是一种观点,或者说是一种重要的学术观点,但这不意味着我们就得在两者之间做选择。我们既不仰视,也不能漠视这两种观点,正确的态度是,在坚持马克思主义基本立场上,对两者观点进行全面客观地分析,深入了解他们思想的来龙去脉之后,大胆地进行文化扬弃。我们不要断章取义,认为汤因比说过文明的希望在东方，就觉得他的观点全然正确；也不能因为福山鼓吹西式的民主，就认定他的观点全无是处。就拿汤因比来说，仅从他对人类历史发展进程进行整体性与综合性的考察这一点来说，是值得充分肯定的，给我们以有益的启迪，但是他对中华文明的认识带有强烈的主观倾向，很多理解并不恰当，甚至还有许多史实错误。尽管如此，我们研究汤因比的历史观，仍然具有积极的现实意义：一方面，有助于人类在全球化时代更好地理解诸文明之间的互动；另一方面，有助于全球化时代不同民族之间的相互理解，诚如麦克尼尔所言："不同的民族如何整理和重新整理相互抵触的世界观，可能会成为21世纪以及后续几个世纪里公共事务中最重要的一个主题。"

习近平主席在亚洲文明对话大会开幕式上演讲时指出，"中华文明是在同其他文明不断交流互鉴中形成的开放体系"，"中华文明始终在兼收并蓄中历久弥新"。这一宏论对我们如何看待中西方文化具有重要指导意义。各国应树立平等、互鉴、对话、包容的文明观，在文化交流互鉴中实现不同文明和世界文明的与时俱进、创新发展，努力消除各国之间的文明冲突，实现民心相通和深度合作，共同为人类命运共同体的构建夯基垒台、立柱架梁。生于古老的黄河长江之畔，走到勇立潮头的新时代，中华文明因其"和羹之美，在于合异"的重要理念而绵延五千年不绝，并迈向熠熠生辉的光明未来。自古以来，无论是域内外民族的你来我往，还是百家思想的争鸣交锋，或是不同文明之间的互学互鉴，中华民族一直秉承着"和而不同"的处世原则，推崇着"协和万邦"的社会理想。

至于您提出中华文明中有哪些优秀文化基因，中华文化强调"民惟邦本""天人合一""和而不同"；奉行"天行健，君子以自强不息""大道之行也，天下为公"；强调"天下兴亡，匹夫有责"，以德治国、以文化人；相信"君子喻于义""君子坦荡荡""君子义以为质"；认为"言必信，行必果""人而无信，不知其可也"；宣扬"德不孤，必有邻""仁者爱人""与人为善""己所不欲，勿施于人""出入相友，守望相助""老吾老以及人之老，幼吾幼以及人之幼""不患寡而患不均"等。这些思想理念有鲜明的民族特色与永不褪色的时代价值，既随着时间推移和时代变迁不断与时俱进，又有自身的连续性和稳定性。我们提倡的社会主义核心价值观，就充分体现了对中华优秀传统文化的传承和升华。

中华文明的历史演进昭示了中华民族共同体发展后向和中华民族多元一体演进格局，积淀了我们在中国式现代化道路上创造的人类文明新形态的原生性深厚文化底蕴，特别是中国人的宇宙观、天下观、社会观、道德观，向世界充分展现了以全人类共同价值为基础的人类文明新形态无比广阔的发展前景。坚定文化自信，建设文化强国，需要我们结合新的时代条件传承好、弘扬好中华优秀传统文化，守正创新、推陈出新，让中华文化绽放出新的时代光彩。

彭青龙：文明不是孤立的存在，而是在相互交流对话和互学互鉴中成长的产物。越来越多的考古和研究成果显示，文明既是内部力量的演变使然，也是外部影响的结果，只是评价的立场和方式有所不同。如约翰·霍布森（John

Atkinson Hobson)的《西方文明的东方起源》一书就对东西方文明的关系作出了详细的论述。一方面,他对西方的种族主义和欧洲中心论提出了批评;另一方面,他也充分肯定了包括中华文明在内的东方文明对西方文明的诸多影响。他认为,欧洲发展的每一个重大突破,几乎都是在吸收、借鉴东方文明的基础上完成的,甚至认为是东方化的西方崛起。无独有偶,钱穆先生也从历史的角度,进一步论述了中西之间的关系,"希腊乃西方历史之播种者,中国乃东方历史之栽根者。播种者新种散布,旧种凋零。栽根者枝叶日茂,根盘日大"。然而,亨廷顿在《文明的冲突》中却在对西方文明制度充满溢美之词之余,渲染文明冲突论。时至今日,在中华文明再次焕发活力之际,您如何看待上述两位学者的观点?您可否从历时性的视角,谈一谈西方文明是如何从中华文明中汲取营养的?中华文明是如何在学习借鉴包括西方文明在内的各种文明的基础上发展的?

蒋洪新:中国近现代以来,在对待民族文化的问题上,一直存在着两种矛盾的心态:文化自卑与文化自负。自卑者看不起"老祖宗",信奉"外来和尚会念经";自负者沉醉于五千年的历史荣耀,"唯我独尊不知天高地厚"。这两种错误心态有一个共同点:都不讲包容,将文化自信与文化包容截然对立。推进文化强国建设,离不开坚定的文化自信,也离不开包容的视野胸襟。文化自信与包容两者并不矛盾,而是内在统一的。

首先,任何基因都不是单一、固定不变的,它总在变化中生长而成,文化本身具有包容性。中华文化始终坚持"和而不同"的理念，承认文明多样性，包容文明异质性，让不同文明互相欣赏、和谐共处。中华文明是在中国大地上产生的文明，也是同其他文明不断交流互鉴而形成的文明。比如说我们的儒家思想，由孔子创立、孟子发展、荀子集其大成，之后有今古文经学、宋明理学、陆王心学等诸多理论形态，一脉相承延绵不断。再比如佛教，它产生于古代印度，是一种外来文化，但传入中国后却能不断适应本土文化，同中国儒家和道家文化融合发展，最终形成了具有中国特色的佛教文化，成为中国文化的有机组成部分。

其次，文化越是自信越能够包容。越是自信的国家和民族，越有勇气和底气去客观看待、积极接受外来文化有益于自己的成分。先秦时期，孔子提倡"远人不服，则修文德以来之"；孟子主张仁政，斥责"春秋无义战"；墨子提出"兼爱""非攻"的思想，旨在追求和平。汉唐时期，张骞出使西域，体现了和平友好的大国风范；唐代中国通使交好的国家多达70多个。作为四大文明古国之一，中国有着深厚的历史传统和丰富的文化资源，同时保持着吸收各国文明营养的胸襟。古丝绸之路极大地推动了中国与沿线国家的交流，不仅儒道思想西渐，异域佛教、景教等也相继东传，欧洲也曾广泛接触中华文化。反之，我们也经历过闭关锁国、故步自封的深刻教训。近代中国遭受的不尽屈辱，就是沉重的代价，也反映了文化上的被动与落后。

第三，包容性越强越能够促进文化自信。对文化的包容，透出了文化自信。"中国要永远做一个学习大国。"我们选择马克思主义作为指导思想，一方面是由于马克思主义的科学性,它的产生本身就是借鉴人类文明发展成果的产物;另一方面也是一种文化的选择和理论的自信。中国人民选择中国共产党作为领导核心,这不仅是中国人民在历经苦难之后的历史选择,也是中华民族文化在近现代的选择。中国特色社会主义文化不仅反映了社会主义经济和政治的本质要求,而且代表了人民的根本利益,体现了人民的意志,并切实保障人民的幸福。党的十八大以来,习近平总书记提出"一带一路"倡议,这不仅是我国当前对外开放的经济战略和外交运筹,也是实现中华文化走出去的重要文化战略。已有100多个国家响应"一带一路",这些国家都有着不同的文化。我们勇敢迈出的这一步,既是一种文化自信,也体现了一种文化包容。

包容不是照单全收,借鉴也不是照搬全抄,对待不同文化不能没有底线、不设门槛,而是要坚持鲁迅先生提倡的"拿来主义",并且"沉着,勇猛,有辨别,不自私"。中华文化五千余年的演进本身就是一部"有容乃大"的交响曲,只要我们深深扎根于中华优秀传统文化,坚持马克思主义的指导思想,坚持"以我为主、为我所用"的原则,中华文明就一定会在与世界文明的交流互鉴中焕发更加持久的生命力。

彭青龙:习近平主席在亚洲文明对话大会开幕式上发表主旨演讲指出:"应对共同挑战、迈向美好未来,既需要经济科技力量,也需要文化文明力量。"前者主要指硬实力,后者则指软实力。新中国自成立后,经过七十多年的艰苦努力,跃居世界第二大经济体,在科技领域取得的成就令世人瞩目，日益走近世界舞台中央。在此过程中，代表中国文化软实力的中华文明也愈来愈展现出前所未有的魅力和影响力。然而，美西方政客不甘心霸权旁落，不断宣扬中国威胁论，并利用其在国际传媒中的话语优势，企图制造文明文化对立，提出所谓的"科技脱钩论""经济脱钩论"，甚至"人文交流脱钩论"。在这种背景下，如何消除误解和隔阂是摆在我们面前的重大课题。您如何看待美西方鼓噪的各种脱钩论及卡脖子问题？作为人文学者，我们如何做才能将这种逆历史潮流而动行为的伤害减少到最低限度？

蒋洪新：自2018年起，以美国对华"脱钩"为主要特征的科技竞争战略，阻碍中美科技交流合作，试图削弱中国国家创新体系，拖慢中国基础研究进展，从而保持美国在国际竞争中处于有利位置，这是美西方国家在"东升西降"态势与"西强东弱"格局并存的大背景下，从国家利益出发采取的悍然措施。从实际情形上看，**美西方对中国实施"脱钩"政策，对中国经济、科技和社会发展造成了三重压力**：一是科技领军企业崛起的压力，二是中国科学技术自主发展的压力，三是意识形态站队和"价值观外交"上的压力。然而，中国的发展是自力更生、艰苦奋斗得来的，不是美西方单方面的恩赐。改革开放以来，中国能够吸引外部投资与合作，主要得益于生产要素成本优势和政策红利，现在劳动力、土地和原材料成本都在上升，产业也要升级换挡，环境保护在逐步加强，更加注重发展的公平和效益，我们的管理能力、供应链的运营效率不仅领先第三世界国家，其实已经赶超欧美了。这就势必要引起贸易上的摩擦、科技上的竞争、意识形态的对抗，我们切不可留恋曾经的合作"蜜月期"，归根结底是国家利益至上。事实上,美西方发达国家高科技核心制造业从来没有进入过中国,我们要迎头赶上美国的科技创新体系也还有很长的路要走。"科技脱钩"倒逼中国科技自强,这也再次提醒我们,"以市场换技术"的路子是走不通的,只有靠自力更生和自主创新。化解"脱钩"阵痛没有灵丹妙药,关键是今天付出的学费能否真正警醒我们:科技发展必须根植于自身核心技术、创新基础与产业生态,并且对未来实施长远布局。同时,没有全球一流的高等教育,没有强大的基础研究,就无法形成一个大国可持续的创新基础和产业生态。文化自信是一个国家、一个民族发展中最基本、最深沉、最持久的力量。作为人文学者,我们要看到发展背后人文的温暖和力量。在推进科技进步和经济发展的进程中,应发挥价值观念的引领凝聚作用,以社会主义核心价值观为指导,融入中华民族优秀传统文化,有效增强国家和民族的聚合力;发挥家国情感的纽带黏合作用,通过情感认同有效提升民族、国家、社会与文化认同感,从而形成强大的民族凝聚力,汇聚推动建设和发展的磅礴伟力;发挥共同利益的牵引保障作用,坚持以人民为中心的发展理念,在发展中解决好人民最关心最直接最现实的利益问题,其中既要兼顾眼前利益与长远利益,又要均衡精神利益与物质利益,更好地满足人民对美好生活的向往,提升其幸福感、获得感。

彭青龙:科技文明是世界文明的重要组成部分,在推动人类社会进步的过程中发挥着关键作用。西方文明之所以在当今世界文明中处于主导地位,是因为发生在西方国家的工业革命极大地推动了生产力的发展和社会变革,提高了劳动生产率和综合国力。芒福德（Lewis Mumford）在《技术与文明》一书中，论述了机器的发明和使用使得西方文明的物质基础和文化形式乃至思维模式都发生了深刻的变化。他强调，西方之所以能做到这一点是因为他们创造了"机器体系"的概念，而其他文明却没有做到。浪潮奔腾的第四科技革命正在改变世界格局，也在深刻地改变着人们的学习方式、工作方式和生活方式。中国正在奋起直追，力图建立与中国国际地位相称的科学技术硬实力。您可否从人文学者的角度，谈一谈如何为中国科技的发展营造好的文化条件？如何引导科技健康发展并避免其所衍生的社会问题？

蒋洪新：在回答这个问题之前，首先有必要说明一下科技与文化的关系。**科学指向自然，文化指向人，科学与文化的关系本质上是自然与人的关系，是人对自然的理解和人对自身理解的关系。**同时，如果我们把科技视为生产力，文化便是意识形态，属于上层建筑。在这个意义上讲，科技既是文化的工具，又对文化形成反作用，制约改造着文化的性质、特点和面貌。人类总是借助科学技术来改变自己的生活和生产。人类的生活与生产，也因此受到了科学技术的深刻影响，形成了特定的文化形态。离开了科技的支撑，文化发展史就是不完整的，甚至将导致碎裂和变形。

正因为科技与文化存在着这种内在的联系，我们才说要为科技的发展营造良好的文化条件。那么，有哪些文化条件呢？这里我提三个方面的建议：**其一，建设先进的政治文化。**作为一种政治取向模式，政治文化与科技发展内在关联，相互作用。一方面，作为上层建筑的政治文化制约着科技发展，良好的政治文化可以引导科技的发展方向，加速科技发展的进程；另一方面，科学技术的发展又间接地影响政治文化的进步，科技的发展可通过促进社会政治制度和管理方式的改进与完善等方面来推动政治文化的进步。改革开放之初，邓小平特别强调要创造出一种良好的社会政治氛围，努力使优秀的科技人才脱颖而出。**其二，培育创新的哲学思维**。哲学不仅是世界观和认识论，还应当是方法论，因为任何一种世界观的背后都隐藏着特定的思想方法。在基础科学研究酝酿着重大科学革命的"奇点"时刻，在"卡脖子"技术正构成中国道路之特殊困境的焦点时期，我们更加需要哲学思维和哲学智慧。**其三，构建向善的伦理机制**。近年来，人工智能、大数据、基因编辑等领域飞速发展，所引发的伦理、法律、环境污染等问题日益凸显，针对这些问题的治理已被世界各国提上日程。应加快构建中国特色科技伦理体系，健全多方参与、协同共治的科技伦理治理体制机制，坚持促进创新与防范风险相统一、制度规范与自我约束相结合，强化底线思维和风险意识，建立完善符合我国国情与国际惯例的科技伦理制度，塑造科技向善的文化理念和保障机制。

最后我还想强调一点，科学精神教育至关重要。科学技术深刻地改变了人类生活和人类制度，应当是文化和教育的重要组成部分，人类完全有理由把高尚的道德标准和价值观的宣道士置于客观真理的发现者之上。随着时间的推移，人类将越来越清楚地意识到，人文精神和科学精神珠联璧合、交相辉映，将照亮人类文明的前行之路。

彭青龙：近代以降，中国在学习世界各国优秀文化成果的过程中努力实现自立自强，这毫无疑问是必要的，也许在未来相当长的时间里，我们仍然需要加强互学互鉴，从而增强自身的文化软实力，特别是在国际上的影响力和话语权。得益于改革开放四十多年的不断学习，我们才有了今天的成就。然而，我们也应该清醒地看到，西方作品和理论的大量输入，极大地冲击了中华传统文化，这也就有了包括您和陈众议在内的不少学者大声疾呼的，从中华优秀传统文化中汲取营养，构建中国特色哲学社会科学学科学术话语体系。您如何看待"西学东渐"中存在的各种理论和实践问题？我们如何在坚持"双百"方针中做到"古为今用"和"洋为中用"？如何引导更多的年轻人继承和发展中华优秀传统文化？

蒋洪新：法国思想家伏尔泰（François-Marie Arouet）在《风俗论》中，把中华文明史纳入世界文化史之中，从而打破了以欧洲史代替世界史的欧洲中心主义的史学观。他认为东方给了西方一切。这固然是伏尔泰对东方文明的一种情有独钟，但也昭示了文明的交流交融交汇从来都是双向的。我们既要看到西学东渐，也要看到东学西传。比如，晚明时期，利玛窦（Matteo Ricci）等人及其继承者不仅向中国人介绍了希腊哲学，也向欧洲人反馈了中国儒学，中国哲学和思想文化从此走向世界。在由法籍耶稣会士金尼阁（Nicolas Trigault）整理的《利玛窦中国札记》中，首次将"儒学"和"理学"译成西文的"philosophia"——这又一次证明在来华的西人眼里，中国本来就有一种跟希腊哲学相同的学问。如果再往前追溯，其实早在汉朝时期，我们就开辟了丝绸之路，也正是由此拉开了东学西传的序幕。即便是分析西学东渐，我们不光要看到消极的一面，也要看到积极的一面。从积极的方面看，洋务运动是中国近代化的开端，尽管以失败告终，但是在梁启超、康有为等思想家的带领下，中国近代知识分子主张学习西方的自然科学知识，希望寻求政治制度上的改变，西方进步思想开始在中国社会上广泛传播，促进了一大批知识分子的崛起，这也为后来五四运动的爆发奠定了基础。当然，我们也要看到，西方文化大量地涌入，如果不加辨别地囫囵吞枣式地全盘接受，也是不可取的。五四时期新文化运动的代表人物，包括早期的马克思主义者，也都主张中西学的会通与融合。如蔡元培提出"中西并重，观其会通，无得偏废"；鲁迅提出"外之既不后于世界之思潮，内之仍弗失固有之血脉"；李大钊提出"东西文明，互有长短，不宜妄为轩轾于其间"。青年毛泽东主张"观中国史，当注意四裔……观西洋史，当注意中西之比较，取于外乃足以资于内也"。毛泽东所代表的中国早期马克思主义者的这种中西文化观，成为后来中国共产党文化方略的重要精神指导和思想资源。

其中，无论是东学西传也好，西学东渐也罢，一种外来文化欲扎根于异质文化土壤之中，都面临本土化、民族化、时代化的问题。任何一种理论，只有与一个国家的具体情况、要解决的实际问题结合起来，与这个国家的优秀文化贯通融合，才能在实践中展现思想伟力。西方文化的形成同样不是一个封闭的过程，也受到了东方文化的滋养与影响。但现在很多西方学者在对思想发展的叙述中，热衷于设置一个二元对峙的思想文化发展模式，这种做法不尊重历史，是文化霸权主义的表现。回顾历史，明晰东西方文化的渊源，将西方文化还原为一个地域性文化，有助于我们今天增强文化自信。当然，这样做的目的并不是否认西方文化对世界文化的贡献，更不是要走向东方中心主义，而是要以平等、开放、包容的姿态，在与西方文化的交流互鉴中发展中国自己的文化。

不断铸就中华文化新辉煌必须有坚定的文化自信，不忘本来，吸收外来，面向未来，更好地构筑中国精神、中国价值、中国力量。积极吸收借鉴国外优秀文化成果，要坚持"以我为主、为我所用"的原则。"以我为主"，就是坚持文明的社会主义性质，维系文明的中华之根。"为我所用"，借鉴吸收的目的是更好地发展中国特色社会主义文化。坚持辩证取舍、择善而从，各美其美，美美与共，对什么东西可以学、什么东西不能学，要做到心中有数。对可以学的东西，要结合自己的实际消化吸收。

一要以文化传承为基。文化源自民族的心灵基因，离不开历史沉淀和培育。任何时代和民族的文化都不可能截断其历史，抛开其根脉而重新开头，终归离不开与本土优秀传统文化的结合。文化的继承不是全盘继承而是要辩证地扬弃，要通过采用适当的形式将中国传统本土文化逐渐时代化、大众化，使之易于传播、易于接受，增强本土文化的自信与自觉，保持本土文化强有力的主体性。这样一来，在面对外来文化的冲击之时才能屹然挺立，才可以称得上真正的文化之"强"。

二要以文化借鉴为用。中国文化的基本态势，就在于它能根据时代与社会的需要，不断地调整自身以适应变化的外部条件，从而具有极强的生命力和涵摄力，如此才能大度地合理借鉴、吸收与容纳外来文化。一方面，不能夸大文化借鉴的作用。文化的根基和主流应当是本国富有民族特色的东西，借鉴外来文化只是为了丰富、完善和壮大自己。另一方面，要科学借鉴。西方长期形成的创新意识、竞争意识、先进科学技术、文学艺术都值得我们合理借鉴。此外，还要注重国家文化安全防御体系建设，构建一套科学有效的国家文化安全评估指标体系，维护国家文化安全。

三要以文化创新为本。没有创新，就没有进步。首先，要加快科学技术创新，科技创新是文化创新的重要组成部分。在信息时代，我们要不断创新"大数据+文化"的新模式，加快文化大数据生产和传播创新，推动文化产业融合发展。其次，要充分发挥高校的主阵地作用。高校的四项基本职能，人才培养、科学研究、社会服务和文化传承创新，与文化强国建设息息相关。高校教师不仅从事着社会主义文化的创造与传播，而且也承担着文化创新、教育和交流等职责，是建设文化强国、争夺文化主导权的中流砥柱。最后，还要始终把握文化主导权，要坚持党对知识分子的领导，发挥知识分子在建设文化强国中的作用，巩固社会主义文化的"碉堡"和"堑壕"，扩大中华文化的国际影响力，牢牢掌握建设文化强国的领导权、主动权。

彭青龙：文明互学互鉴中的重要一环是增强中国文化的影响力，使更多的外国朋友理解中国文化的内涵，至少减少文化误解和隔膜。最近几年,我国特别重视"中国文化走出去",试图通过翻译凝聚着中国人智慧的书籍等多种举措,向海外推介中国文化。例如,2021年,国家将提升国际传播能力视为一项具有战略意义的工作,三部委甚至发布文件,落实这一重要任务。应该说,这一做法是正确的,向海外传播好中国共产党的故事和中国故事对于实现第二个百年奋斗目标具有重大意义。然而,学界不乏不同的声音。您如何看待中国文化的国际传播?我们如何提高国际传播能力?如何培养能够胜任国际传播的高水平人才?他们应该具备怎样的核心素养?

蒋洪新:当今世界正面临百年未有之大变局。从外部环境看,世界多极化、经济全球化、文化多样化、社会信息化深入发展。中国的和平崛起,挑战了不公正的国际秩序,一些西方国家出于多种动机围堵中国,国际舆论斗争日益激烈。从国内发展看,已进入高质量发展的新阶段,特别是新冠疫情暴发后,我们取得了抗疫斗争的重大胜利,国内社会稳定、经济发展超出预期,改革开放向着更高水平迈进。

面对新时代新形势,为加强国际传播能力建设,我们要立足新发展格局,建构具有鲜明中国特色的对外传播体系,即基于中国独特传统和现实语境,加强顶层设计和研究布局,助推国际传播影响力、中华文化感召力、中国形象亲和力、中国话语说服力以及国际舆论引导力"五力建设",促进形成具有鲜明中国精神特质的对外传播体系。要聚焦传统文化走出去,推进经典译介,实现以文载道、以文化人。发出声音,才能说明自己;讲好故事,更能沟通心灵。经典译介不仅仅是单纯的文学艺术对话，更是经典作品的跨文化建构。新中国成立以来，经典外译始终是我国对外文化交流和宣传的重要途径。要提升外语教育质量，深化学科交叉融合，培养高素质复合型外语人才。

大力培养国际传播优秀人才，一方面需要广大外语教育工作者以发展和创新的眼光，在理念、思路、举措等方面进行宏观思考，既要提升外语教育同大国外交、人文交流、深化国际传播、构建对外话语体系等需求的契合度，又要科学、合理地推进学科交叉融合，持续完善外语教育体系。**另一方面也需要我们在招生选拔、教学科研、实习实践等方面进行深入探索**，建立起连接行业协会、高等院校和用人单位的产学研结合模式，将语言应用与传播、基建、能源、经贸、技术研发等紧密结合，提升学生的跨文化交际、跨学科研究能力；同时，进一步完善对外传播人才评价认证体系，形成行业共识，并在全社会宣传推广，推动实现对外传播的职业化。

彭青龙： 文明互学互鉴是推动人类社会进步的动力之一，不仅需要体现国家意志的政策和措施来推进，而且需要知识精英和普通百姓都参与进来，才能取得良好的效果。作为基础学科之一，外国语言文学学科将在其中发挥重要作用。近年来，社会各界对外语教育十分关注，其中不乏对外语教育效果持批评意见的声音，例如有人提出在重要考试中降低比例的"权重论"，甚至"取消论"等。一方面，我们要充分肯定外语教育的当代价值，特别是在推动国民经济和社会发展，提高国民素质、国际化和跨文化思维等方面的不可磨灭的贡献；另一方面，我们也要对外语教育存在的问题有清醒的认识。您认为，包括基础教育学段和高等教育学段在内的外语教育存在哪些核心问题？怎样解决这些问题？就中外文明互学互鉴而言，外语学科应怎样更好地发挥其优势和作用？

蒋洪新：党的十八大以来，习近平总书记放眼中华文化和人类文明的历史长河，面对"世界百年未有之大变局"，重申"两个一百年"的伟大奋斗目标，以大视野、大格局提出了"一带一路"倡议、"人类命运共同体"等创新理念。这些倡议和理念的实施需要一大批卓越的外语类复合型人才，外语学科在实现中华民族伟大复兴的征程中，肩负着传播中华文明的光荣使命，需要我们以一种更为积极、进取的姿态，务实前行，行稳致远。

近年来，外语学科在创新人才培养、深化专业改革和推进课堂革命等领域取得了明显成效，学科体系日渐完备，人才培养质量显著提升。从更高的要求来看，还存在一些不足：**一是重技能轻素质**。长期以来，我国的外语专业教学的主导模式已经造成教学内容脱离真实的语言环境和实际意义，缺乏足够的语言输入，在教学过程中偏重语言知识的传授与语言技能的培养，而忽视对文化与价值观的引导，使学生运用语言的能力受到限制。**二是重专业轻通识，人才培养口径过窄**。最好能让学生通过跨学科选修、辅修其他专业或者双学位课程，熟悉其他专业领域知识，培养他们的思维能力、跨文化能力和科学人文素养。**三是重应用轻文化**。过去外语教育强调语言应用技能的培养，教学方法主要是以语言为中心，课程设置结构单一，人才培养专业基础单薄，尤其是对学生跨文化交际能力和思辨能力培养不够，导致运用英语解决实际问题的能力和跨文化能力，以及文化与文明的渗透教育相对欠缺。

培养综合素质高、跨文化沟通能力强、外语基本功扎实、外国语言文学专业知识丰厚、了解相关专业知识，具有国际视野、能够服务国家建设和构建人类命运共同体的新时代外语复合型人才，可以从以下几个方面着手：

第一，要立足新发展阶段提升外语学科的服务能力。外语学科置身国内国际双循环之中，既要睁眼看世界，更要在斗争中求发展，注重质量和效益稳步双提升，为国家战略输送高水平复合型外语人才；要深入开展中国立场的区域与国别研究，创建"外语+"特色智库，为资政咨商提供智力支持；要加强学术创新，讲好中国故事，传播好中国声音，深化国际传播理论与实践的探索，在国际上塑造可信可爱可敬的中国形象。

第二，要贯彻新发展理念深化外语学科的建设内涵。新发展理念是破解发展难题、增强发展动力、厚植发展优势的理论先导，外语学科建设要以新发展理念为指导，进一步解放思想，创新发展。一是在学科设置上要增强现实针对性，使学科设置适应大国外交、人文交流、基础科学研究、核心技术创新对外语复合型人才的需要。二是在学科建设上要突显学科交叉性，科学、合理地对外语一级学科内部进行优化调整，探索跨文化研究、区域国别研究、翻译传播学、人工智能与翻译等新兴方向，保持与国家及地方战略布局同频共振，与经济社会文教布局紧密结合，充分释放外语学科的自身张力、创造力与开放性。三是在学科发展方向上重视多元化，深刻把握各种文化之间的差异，熟悉不同的思维模式，从而架设起不同国家、民族与文化之间沟通与交流的桥梁。

第三，要以人才培养为核心构建外语教育新格局。伴随经济社会的发展，高等教育不断被赋予新的使命和功能，但是最核心的还是培养人才。外语学科建设要抓住"双万计划"的窗口期，深入推进人才培养模式改革，以一流专业、一流课程建设为契机，努力构建中国特色、中国风格、中国气派的外语教育发展体系。加强院系间、学校间、国际间的交流合作，实现外语教育同课程思政、美育活动、生产劳动等协同共进。在教学形式上，注重专业教育与学术讲座、社团活动、社会实践等有机结合，引导学生开展经典阅读，拓宽心智空间，陶冶人文精神；在教学方法上，努力营造课内课外、线上线下、实体虚拟相结合的智能化教学环境，使外语教育既顺应时代潮流和国家需要，又满足学习者的多样性需求，从而促进人的自由全面发展。

彭青龙：最后一个问题，想请您谈谈高校如何在文明对话交流和互学互鉴中发挥其应有的作用。众所周知，高校是知识生产和应用的基地，也是中外人文交流的重要力量。近年来，由于美国等西方国家不断宣称"脱钩"，再加上新冠疫情，中外高校的国际合作与交流受到极大的冲击，人文社会科学领域受到影响，理工科领域更是如此。对此，不少高校都在想方设法进行破解。您作为高校的主要领导，如何看待高校在促进中外文明互学互鉴上的价值？如何发挥其应有的作用？湖南师范大学在中外人文交流方面取得令人瞩目的成绩，可否谈谈贵校的做法？在哪些方面发挥着引领的作用？

蒋洪新： 高校拥有一批专业知识扎实、外语水平较高、学术视野开阔的国际传播和专业领域专家，具有突出的人才优势，在维护世界文明的多样性和文明互鉴中承担着不可替代的角色，发挥着极其重要的作用。

发挥高校的作用，首先是以教育自信增强文化自信。文化自信是推动文明交流互鉴的动力源泉。只有扎根本国土壤、坚定文化自信，才有底气传播本国文明，有能力吸收并借鉴其他文明。高校要适应国际传播格局的新特点、新变化、新需要，努力培养专业基础扎实、熟练运用外语、具有全球视野和家国情怀的国际化人才，为国际传播事业提供人才支撑。同时，深度挖掘传统文化中对当今时代有借鉴和启发意义的资源，进行创造性转化和创新性发展，推动中华文明与其他人类文明成果有机互动、相通相融。其次，要持续增强对外交往能力。在参与文明交流互鉴过程中，高校应着力发挥其促进人文交流的作用，在各种平台发出中国声音、讲好中国故事、阐发中国价值，展示丰富多彩、生动立体的中国形象。最后，要着力服务构建人类命运共同体的目标。"文明互鉴"作为一种客观应对世界文明格局走向的中国理念、中国主张、中国方案，将推动人类命运共同体建设不断前行。在中国特色社会主义进入新时代的历史方位中,高校要更好地服务于国家重大战略,进一步创新体制机制,整合校内外资源,打造构建人类命运共同体、"一带一路"和全球治理研究的理论高地、智库高地、人才高地、服务高地、开放高地。同时,扩大开放办学。高校的外籍专家和留学生越来越多,他们在中国学习、工作、生活,对中国各项事业的发展有着切身感受和体验。可以组织丰富的文化学习、社会实践活动,帮助他们更加深入了解中国国情、感知中国发展。我们也要以更加积极主动的姿态发挥好海外校友会、基金会的纽带作用,积累国际人脉资源,扩大高校的"朋友圈"。

近年来,湖南师范大学坚持"引进来"与"走出去"相结合,紧密对接国家"一带一路""中华文化走出去""构建人类命运共同体"等重大倡议,在中外人文交流方面做出了自身贡献。

其一,引领高校对外交流。文化是一个民族的灵魂,是一个国家发展的不竭动力,更是人民美好生活的重要内容。我们坚持扎根博大精深的中华文化,讲好中国故事,参与策划、编译了《大中华文库》丛书,在国外产生了很大的影响。学校编译的"汉英对照湖湘经典"(10部)、"湖湘文化与世界"系列丛书(8部)等经典外译出版物,也有力推进了中华优秀传统文化的海外传播;承办了"波兰艺术圈——中国行""中非论坛"、中俄"长江—伏尔加河"青年论坛等重大国家级文化艺术活动,为繁荣和推进国际交流做出了高校的独特贡献。

其二，拓展国际协同创新。学校坚持面向国际学术前沿，以重大战略和社会经济发展需求为导向，大力推进国际协同创新。近年来，学校入选了中联部"金砖国家智库合作中方理事会"和"'一带一路'智库合作联盟理事会"成员单位；创办了《外国语言与文化》和 *Journal of Foreign Languages and Cultures* 两本学术期刊。其中，《外国语言与文化》成功入选Scopus数据库和ERIH PLUS索引，成为国内同学科唯一同时入选两大数据库的期刊。学校立足国家战略和地方需求，积极构建国际化科研网络。外国语言文学学科与美、俄、德等国知名高校和高端专家合作，成功申报"111计划"，与美国瑞宏实验室合作建立亚洲唯一的数据中心和研究中心；立足"一带一路"倡议，深度推进俄罗斯研究中心、美国研究中心和东北亚研究中心等教育部国别与区域研究备案中心的建设，参与创建国内高校首个洪堡跨学科研究中心、东亚教师教育国际联盟、中国-东盟文化传播研究中心，承办教育部"一带一路"沿线国家英语教师研修班，助力大国外交和地方教育文化发展。

其三，推进国际人才培养。学校以孔子学院建设和华文教育提质为抓手，统筹推进人文、艺术、教育等多学科交叉融合，全面提升国际汉语教育教学水平，努力构建中国特色、中国风格、中国气派的国际汉语教育体系。学校先后在俄罗斯喀山联邦大学、美国南犹他大学和韩国圆光大学建有3所孔子学院，相继建成了"一条龙"汉语教学体系，成为所在国汉语教学与汉学研究的重要中心，"十三五"期间，选派汉语教师和志愿者150余名、培养汉语学员13500人；学校注重学生国际化培养，构建了26个联合培养（含双学位）项目、

195个交换生项目以及260余个其他交流项目,"十三五"期间,学生赴境外交流共计1867人,教师赴国外访问交流共计827人次,学校长短期国际学生保持在1200人左右。

其四,推进高端引智项目。人才是我们实现民族振兴、赢得国际竞争主动权的战略资源,学校十分注重引育国际高端人才。"十三五"期间,通过"高端外国专家引进计划""海外名师"等项目,学校引进数十位外国文教专家全职来校工作,并邀请诺贝尔奖得主弗里德·穆拉德等境外知名专家前来讲学。

高校在中外人文交流中,应在坚守文化自信、讲好中国故事中担当作为,既要深入阐释如何更好坚持中国道路、弘扬中国精神、凝聚中国力量,向世界讲好中国故事,又要自觉地在世界不同民族文化体系之间搭建沟通、对话的桥梁,大胆吸收人类文明的一切优秀成果,萃取精华,以我为主,为我所用,实现文化的创新和发展。

——发表于《上海交通大学学报(哲学社会科学版)》2022年第5期

7. 进取的大学风范

大学风范,是大学体现出来的独特风格、典范,也是大学本身的气派。正是因为这一点,大学才有一种气场,有一种我们称之为风范的东西。说到底,大学这样的气场,是什么在起作用?我觉得是内在精神。湖南师范大学在历史发展过程中,积淀形成了以"仁爱精勤"为核心的大学精神,这种精神已成为融入师大人血脉中的精神底蕴和价值追求。也正是这种进取的风范、内在的精神,始终支撑我们在艰难的条件下艰苦奋斗,乘风破浪,一步一步铸就了自身的特色与辉煌。

我们坚守师道初心、作育英才。学校自诞生以来,始终秉承"传道而济斯民"的宗旨。近年来,我们坚守"大学为学生"的理念,笃定推进一流本科教育和卓越的研究生教育,积极开展通识教育、创新创业教育,倡导学生养成"六个一"技能,成立美育教学指导委员会、体育运动委员会,创新校领导接待日、院长圆桌会议、校长学生助理等制度,为学生成长成才创设良好氛围。在50余万校友当中,涌现出了一大批学术精英、行业翘楚和治国栋梁,更有数以万计的品德高尚、学业精深的人民教师。自恢复高考以来,湖南师范大学本科教育培养了4位两院院士、12位"长江学者"特聘教授、30位国家杰青优青获得者。

我们赓续人才战略、固本培元。首任校长廖世承先生曾言,"一个学校最后的成功,就靠教师"。他心诚备至,说到做到,多方延聘高士,海内泰斗,汇集一校,盛极一时。我们始终把师资队伍建设视为立校之本、兴教之源,2016年以来,按照引培并举、专兼结合的思路,笃定实施"潇湘学者计划""世承人才计划",启动院长全球招聘，先后在海内外延揽了高层次人才和学术领军人物500余名。同时，我们从制度、待遇等方面为教师安心教书育人创设良好条件。这些年，好的教授几乎没走，新加入的人气很旺，重现当年《光明日报》"何以引得凤凰来"文中所描述的20世纪90年代人才荟萃盛况。

我们扎根中国大地、服务社会。大学要发挥思想引领社会进步的作用，自身必须走出"象牙塔"。日新月异的时代，谁在科技创新、社会服务诸方面走在前面，谁就能抢占发展制高点。我们办大学，就是要瞄准国家和区域经济社会发展需要，力争取得一批原创性研究成果，贡献"经世致用"之新思想、新成果。近年来，学校主动对接国家和湖南重大战略需求，一批智库成果进入决策和应用，在鱼类育种、量子科技、智能计算与智能传感、湘绣研发等领域成果丰硕，为地方经济社会高质量发展做出了积极贡献。同时，学校大力弘扬教师教育特色，在省内建设附属中、小学30多所，提供学位超过7万个，有力促进了基础教育均衡发展。

我们坚持以文化人、以文铸魂。一所大学，它的气质和灵魂是什么？我认为，真正能体现大学气质和灵魂的是大学的文化。作为中国特色社会主义大学，必须以高度的思想自觉和行动自觉，努力培育和践行社会主义核心价值观，培育卓越的大学文化，不断夯实大学师生的共同价值追求、行为准则、行为方式和精神家园，坚定中国特色社会主义文化自信，为建设一流大学提供强大动力。近年来，学校出台了《文化建设纲要》，成立了社会主义核心价值观研究院，积极培育健康的精神文化、务实有效的制度文化、潜移默化的物质文化、知行合一的行为文化，涌现出了"全国教育系统先进集体""全国黄大年式教师团队""全国师德标兵""时代楷模""全国励志成长成才优秀典型""中国大学生自强之星"等一大批先进典型，学校也因此被《光明日报》誉为"英雄成长的沃土"。

追溯历史，湖南师范大学从创立到坚守，从坚守到发展，不知不觉已经走过八十多年的辉煌历程。八十余年于历史长河不过转瞬即逝，然学府之屹立八十载者，则犹人之年少，日之初升，喷薄东来，厚积薄发。

面向未来，世界百年未有之大变局加速演进，中华民族伟大复兴进入不可逆转的历史进程，新一轮科技革命和产业变革深入发展，带给高校新机遇新挑战。我们将秉承"仁爱精勤"的校训精神，坚守办学初心，笃定大学使命，熔铸新时代大学风范和精神品格，努力建设教师教育特色鲜明、国内一流、国际上有影响的高水平综合型大学！

参考书目

本书撰写参考了古今中外多部名家经典著作，部分引用未逐一标注。在此列出参考书目，向相关作者一并致谢。

蔡元培. 蔡元培全集[M]. 杭州: 浙江教育出版社, 1997.

陈平原. 中国大学十讲[M]. 上海: 复旦大学出版社, 2002.

陈平原. 大学何为[M]. 北京: 北京大学出版社, 2006.

陈平原. 学者的人间情怀——跨世纪的文化选择[M]. 北京: 生活·读书·新知三联书店, 2007.

崔延强. 大学的生命[M]. 北京: 商务印书馆, 2021.

黄达人. 大学的观念与实践[M]. 北京: 商务印书馆, 2011.

黄达人. 大学的治理[M]. 北京: 商务印书馆, 2013.

黄达人. 大学的根本[M]. 北京: 商务印书馆, 2015.

黄达人. 大学的转型[M]. 北京: 商务印书馆, 2015.

金耀基. 再思大学之道: 大学与中国的现代文明[M]. 北京: 生活·读书·新知三联书店, 2020.

李斌. 学问的"秘密"——这就是清华[M]. 北京: 北京联合出版公司, 2023.

梅贻琦. 中国的大学[M]. 北京: 北京理工大学出版社, 2012.

梅贻琦. 大学的意义[M]. 武汉：长江文艺出版社，2021.

钱颖一. 大学的改革[M]. 北京：中信出版社，2016.

施晓光. 美国大学思想论纲[M]. 北京：北京师范大学出版社，2001.

汪明义. 大学：文化、治理与社会[M]. 北京：中国社会科学出版社，2023.

王冀生. 现代大学文化学[M]. 北京：北京大学出版社，2002.

吴朝晖. 大学之道——新时代的大学精神与大学文化[M]. 杭州：浙江大学出版社，2023.

习近平. 关于社会主义文化建设论述摘编[M]. 北京：中央文献出版社，2017.

习近平. 习近平谈治国理政：第二卷[M]. 北京：外文出版社，2017.

习近平. 习近平谈治国理政：第三卷[M]. 北京：外文出版社，2020.

肖海涛. 大学的理念[M]. 武汉：华中科技大学出版社，2001.

张楚廷. 张楚廷教育文集第一卷：高等教育哲学[M]. 长沙：湖南教育出版社，2007.

张维迎. 大学的逻辑[M]. 北京：北京大学出版社，2004.

中共中央文献研究室编. 习近平关于实现中华民族伟大复兴的中国梦论述摘编[M]. 北京：中央文献出版社，2013.

中共中央宣传部. 习近平总书记系列重要讲话读本（2016年版）[M]. 北京：人民出版社，2016.

[西]奥尔特加·加塞特著. 徐小洲、陈军译. 大学的使命[M]. 杭州：浙江教育出版社，2001.

[美]德里克·博克著. 徐小洲、陈军译. 走出象牙塔——现代大学的社会责任[M]. 杭州：浙江教育出版社，2011.

[德]弗里德里希·席勒著. 冯至、范大灿译. 审美教育书简[M]. 上海：上海人民出版社，2022.

[英]海斯汀·拉斯达尔著. 崔延强、邓磊译. 中世纪的欧洲大学：博雅教育的兴起[M]. 重庆：重庆大学出版社，2010.

[英]海斯汀·拉斯达尔著. 崔延强、邓磊译. 中世纪的欧洲大学：在上帝与尘世之间[M]. 重庆：重庆大学出版社，2010.

[英]杰德勒·德兰迪著. 黄建如译. 知识社会中的大学[M]. 北京：北京大学出版社，2019.

[美]科南特著. 陈友松译. 科南特教育论著选[M]. 北京：人民教育出版社，2017.

[美]克拉克·克尔著. 陈学飞等译. 大学的功用[M]. 南昌：江西教育出版社，1993.

[美]克拉克·克尔著. 高铦等译. 大学之用（第5版）[M]. 北京：北京大学出版社，2008.

[比]里德-西蒙斯著. 贺国庆等译. 欧洲大学史（第二卷）近代早期的欧洲大学（1500-1800）[M]. 保定：河北大学出版社，2008.

[美]罗伯特·M.赫钦斯著. 汪利兵译. 美国高等教育[M]. 杭州：浙江教育出版社，2001.

[德]马克斯·韦伯著. 冯克利译. 学术与政治[M]. 北京：生活·读书·新知三联书店，2005.

[德]弗里德里希·尼采著. 周国平译. 论我们教育机构的未来[M]. 南京: 译林出版社, 2012.

[美]欧文·白璧德著. 张沛、张源译. 欧文·白璧德文集(第1卷): 文学与美国的大学[M]. 北京: 商务印书馆, 2022.

[德]卡尔·雅斯贝尔斯著. 邱立波译. 大学之理念[M]. 上海: 上海人民出版社, 2007.

[英]约翰·纽曼著. 高师宁等译. 大学的理念[M]. 贵阳: 贵州教育出版社, 2003.

[美]约翰·S. 布鲁贝克著. 王承绪、郑继伟、张维平译. 高等教育哲学[M]. 杭州: 浙江教育出版社, 2001.

Flexner, A. *Universities: American, English, German* [M]. New York: Routledge. 1994.

Brooke C. & Brooke, C. N. L. *Oxford and Cambridge* [M]. Cambridge: Cambridge University Press, 1988.

Colby, A. Ehrlich, T., Beaumont, E. & Stephens, S. *Educating Citizens: Preparing America's Undergraduates for Lives of Moral and Civic Responsibility* [M]. New York: John Wiley & Sons, Inc., 2003.

Evans, G. R. *The University of Cambridge: A New History* [M]. London: I.B. Tauris, 2004.

Zhu, H. Z., & Lou, S. *Development and Reform of Higher Education in China* [M]. Amsterdam: Elsevier, 2011.

Hawkins, H. Pioneer: A History of the Johns

Hopkins University, 1874-1889 [J]. *British Journal of Educational Studies,* 10(1).

Stearns, P. N. *Guiding the American University: Contemporary Challenges and Choices* [M]. New York: Routledge, 2015.

后　记

小时候父亲蒋大林先生对我说：人一辈子能专心做好一件事已经很了不起。他年轻时去到贫困的山区双牌县做老师，在一块不毛之地与同事们筚路蓝缕建起了一所学校，后来当了双牌县二中的党总支书记，一辈子扎根在那里，把那所学校建设成省示范中学。那个仅有二十万人口的山区县，到处都有他的学生，有些家里几代人都是他的学生。他颇有成就感，有时与他的老搭档李友竹校长不带钱，漫游到县里任何地方，都有学生请他到家里吃饭。他八十岁走时，我们没有通知任何人，可县里来送他的人络绎不绝，这让我真正体会到当一位好老师的崇高与伟大。我们遵照他的意愿把他葬在学校的后山上，他老人家可以天天听到孩子们的朗读声，可以天天看到他创建的学校。

父亲的言行激励着我，沉下心来扎实干一辈子教育事业。湖南师范大学的先贤们，从廖世承先生肇始到后来历任学校领导，都秉承着"仁爱精勤"校训，薪火相传，艰苦奋斗，一步一步带领学校走向辉煌。先贤的优秀事迹是我学习的榜样。办好一所大学就是需要赓续优良传统，沉下心来，从与大学相关的每个细节去经营，从一草一木的文化氛围去构筑。我热爱湖南师范大学，从入大学迄今除了在外求学和访学外几乎没有离开过。我从普通教师、教授、系主任、院长、处长、校长助理、副校长、校长和书记，一步一步干起，眨眼之间就在这个学校待了四十余年，从事管理工作也超过了二十年。我自认为已竭尽全力，投入了满腔热血与激情。我经常清晨六点前起床，迎着晨曦在校园漫步，心中不禁吟起英国诗人华兹华斯（William Wordsworth）的名诗："大地啊，没有比这更美的风景，有谁见此还不动情？"

这本小册子不是我个人的心得体会，而是向前辈致敬、与同事们共同奋斗的记录。

需要感谢的人太多了，限于篇幅，无法一一道谢。在本书成书过程中得到了许多的帮助，这里尤其要感谢在百忙之中为本书撰写序言的陈十一院士、刘仲华院士，感谢张楚廷、徐晨光、张国骥、刘湘溶、李民、张健、蒋冀骋、汪祥欣、卢岳华、刘起军、周俊武、吴俊忠、梁宋平、冀学锋、白解红、龚维忠、周景明、瞿树林、匡乐满、杨小云、黎大志、欧阳峣、廖志坤、王善平、唐贤清、蒋新苗、马宗保、梅军、姚春梅、刘怀德、王辉、刘子兰、杨震、谢资清、潘安练等学校领导，姚守拙院士、刘少军院士、陈众议学部委员、曾艳钰、刘铁芳、王泽应、邓颖玲、夏赞才、薛开伍等同事以及孙有中、彭青龙等同仁的指导。在该书的写作和编辑过程中，杨安、罗常军、孙雄辉、杨卓、陈德山、欧阳文芳、肖新祥、张义、周旺蛟、黄林、王耀光、王胜章、肖钰周、胡云天等倾注了不少时间与精力。我的夫人郑燕虹教授对我的支持鞭策，一直是我克服困难勇敢前行的动力。我还要感谢外语教学与研究出版社李会钦、冯涛、孔乃卓老师的大力支持，使本书得以付梓出版。

本书篇幅不长,但涉及的人与事不少,若有不周全之处,敬请批评海涵。

写完本书,我正好在浏阳大山上,举目望去,青山满绿,风光无限。陶澍有联云:"游目骋怀,此地有崇山峻岭;仰观俯察,是日也天朗气清。"愿我们的母校天朗气清,愈发美丽!